中国出版产业发展研究丛书（第一辑）

总主编 蔡 翔

自出版管理问题研究

A Research on Self-publishing Management

宋嘉庚 著

中国传媒大学出版社
·北京·

序:改革是出版发展的唯一路径

中国传媒大学副校长 蔡翔

国家新闻出版广电总局近期发布了最新的产业分析报告。从"十二五"期间的产业数据看,我国出版业呈现出良性发展态势,且不乏亮点和拓展空间,再次增强了我们的士气和信心。"十二五"期间,图书出版营业收入大幅增长且年年增长,2015年达到822.6亿元,5年增幅达261亿元,增长了46.4%。传统出版与新兴出版的融合发展势头强劲,作为新业态的数字出版五年增长了318.7%,且每年增速超过30%,已成为增长最快的板块。出版业整体资本实力显著增强,据世界银行发布的资料,我国出版业投融资能力已稳居世界第一位,在跨国兼并中,中国已经成为第一大主力阵营。从以上这些分析我们不难看出,在中国的文化产业建设中,出版产业堪称中流砥柱。出版产业做不好,文化产业成为支柱产业就有可能成为空话;只有出版做强做大,文化才能真正强大起来。

我们亲历并紧密关注出版业发展,是出于产业思考,更是出于文化情怀。出版作为内容产业和文化事业,是人类知识积累和文化传承的重要力量,寄托了一代又一代文化人的理想和情怀。出版传承文化的本质不会随着时代更迭和技术变革而发生变化,其本质与产业化运营并不相悖,产业是出版的载体,产业化运营是出版更好发挥社会功用的引擎,这已经被过去十几年我们出版业翻天覆地的变化所验证，也是身处其间的我们真切感受到的。

2002年，党的十六大正式提出发展文化产业，十七届六中全会决定把文化产业发展成国民经济支柱型产业。我们的出版管理部门敏锐地捕捉到改革对于推动文化产业成为支柱产业的重大意义。以柳斌杰署长为代表的一代改革派，在其后的十年间，和支持者、同行者们一起，坚定地拉开了改革的序幕，推动了中国出版市场化的进程，有力地提升了文化产业在我国国民经济体系中的影响力、活跃度和话语权。

如今回首，从时间进程上看，这十年的中国出版体制改革具有渐进性特点，并表现出明显的阶段性。2003年，国家开展文化体制改革试点工作，出版体制改革拉开帷幕。2005年，随着中央《关于深化文化体制改革的若干意见》出台，出版体制改革工作全面展开，并按照区别对待、分类指导、循序渐进、逐步推开的原则，在出版全行业不断深化。改革不仅有路线图，更有时间表，始终有条不紊，稳扎稳打，取得一系列突破性成果。例如，国有经营性出版单位相继有序实现转企改制；又如，出版行业突破障碍开展跨地区、跨部门、跨行业并购重组，经此催生的大型出版集团和企业开始尝试上市融资，运用资本的力量不断提升市场地位……2009年，新闻出版总署《关于进一步推进新闻出版体制改革的指导意见》出台，增强了改革的攻坚力度，使改革总体上保持着积极稳妥、有效有序的态势。行至2011年"十二五"开局之时，全国581家图书出版单位除四家公益性出版社和部队出版单位外，地方、高校和各部委出版社基本完成转企改制任务，正式成为市场主体，走出与市场接轨的关键一步。到2012年十八大召开之际，原定十八大前完成的改革目标基本如期完成。

2002年至2012年间的改革成果丰硕，为中国出版业开拓了全新的局面。首先，改制帮助出版企业确立了市场主体地位，经营活力得以激发，出版生产力得到释放，全行业发展动力强劲，产业规模不断扩大。统计表明,2012年新闻出版业总产出达1.6万亿元,而作为改革试点起始年的2003年这一数据仅为3 000亿元,改革十年,产值提高了5.33倍。其次,改制推动了出版业的市场化进程,市场逐步成为配置出版资源的主要手段,出版业跨区域、跨媒体的资源整合不断深化,战略性重组所培育的大型出版传媒集团产业地位突出,竞争力越来越强。2011年年底前,全国已组建出版集团33家,其中不乏江苏凤凰出版传媒集团这样的百亿级产业航母。再次,改制使中国出版业探索资本化运营的勇气和信心不断增强,驾驭资本力量的手法也越来越娴熟。这一过程中,资本无孔不入地渗透到出版业各个角落,提升着中国出版业的活力。无论是上市融资,还是战略重组,资本越来越成为中国出版业得心应手的武器。而最后,最能激发中国出版人激情的是,改制使中国出版业开始放眼世界,坚定地迈步"走出去"。国际化是中国出版业未来发展战略的重要一环,是提升中国文化软实力的重要方向,事实上,这也是改革后产业强大带来的必然结果。

2012年是出版体制改革的一个分水岭。虽然中央确定的十八大前的改革任务至2012年年底业已完成,但改革并没有就此停步。党的十八大报告就文化领域发展提出了"促进文化和科技融合,发展新型文化业态,提高文化产业规模化、集约化、专业化水平"的新要求,中国出版业要实现这种优化升级,必须进一步深化改革,解放出版生产力。2002年至2012年仅走完改革的第一阶段,为我们出版业奠定了良好的发展基础,最大程度扫清了"拦路石",但束缚出版生产力的因素依然存在。改革进入"深水区",需要出版人以更大的信念、勇气和魄力破解深层次矛盾与问题。其时,我们抱以最大热情的出版业伴随改革进程也出现了一些不尽如人意之处,引发不少争议甚至非议,需要我们正本清源、继续前行。

所有的矛盾、问题、争议、非议,归结起来在这几个方面。其一,产业发展初期重规模轻质量的做法给我们出版行业带来很多泡沫,如在我相对熟悉的学术出版领域,推出了不少平庸之作乃至垃圾作品,引发整个学术共同体的不安。必须解决发展是追求规模还是追求质量的矛盾,质量优先的发展方式才是可持续的。其二,出版产业的市场竞争力还不够强。由于体制机制等各方面的限制,目前很多出版企业产权改革仍不到位,还没有真正成为市场主体。其三,我们的法律制度环境还不够完善,统一开放、竞争有序、健康繁荣的大市场体系还没有完全建成,致使产业资源配置难以进一步优化,出版业资本运营遭遇瓶颈。而最后也是最重要的是,中国出版在当今世界出版格局中仍"大而不强",我们现在的作品还不能进入具有世界影响力作品的行列,还不能用触及人类文明根本的话题引发世界的共鸣。在看到出版业天翻地覆的变化时,冷静审视这些客观存在的问题,继续拓展前行之路,是我们出版人的使命和义务。我们都有一个共识:改革是发展的根本动力,只有坚持改革,才能有发展;改革难免遇到问题和挑战,也正是改革让各种矛盾和问题愈加凸显,问题的背后往往潜藏着深刻的制度根源,而改革遭遇的问题恰恰只能通过深化改革、继续发展来解决。

改革是一代出版人的事业,只有置身于改革历程中的人,才能体味它所带来的诸般况味,有荣耀有光环,也有误解和遗憾。达成通过改革谋发展共识的"我们",是这十几年出版改革的亲历者,包括新闻出版总署、各出版传媒集团以及出版研究机构有远见的领导们,他们曾是出版改革的推动者,同时,也是深入思索出版的过去、现在和未来的专家和学者。"我们"也有着中坚一代的成员,积极参与了出版改革的进程,并且正在后改革时代,主持和推动着出版产业的优化升级。"我们"还有出版学界培养的大量年富力强、充满创造力的年轻学人。

出版就是这样一个产、学、研息息相关的行业,理论积极指导着行业实践,行业变迁不断修正着我们的理论,形成了有机、良性互动的生态。作为柳斌杰先生的弟子,我很荣幸在先生指引下,主持了中国传媒大学出版社的转企改制,并创立了中国传媒大学编辑出版研究中心,比较全面地参与到2002年至今的出版改革进程中。前者的市场化进程开启于2002年,后者则创立于2004年,十数年来,两者从不同角度见证了中国出版业的凤凰涅槃,自身也因侧身其间得以不断成长和壮大。某种程度上讲,我们的编辑出版研究中心,地处首都、背靠传媒,有效整合了政府、学界和业界的优势资源,已经成为中国出版人才培养和决策参考的一块高地。我们的导师团队,汇聚了近三十位充满改革意识和创新思维的新闻出版界元老、出版传媒集团新锐领导以及出版管理机构、科研院所的专家学者,他们和中心的硕士、博士、博士后一起,形成了学界、业界有效联动的学术和产业共同体。这个共同体,一直以客观辩证的眼光,对中国出版改革进行着系统总结、剖析与反思。

这套出版产业发展研究丛书是中心的阶段性成果,被推荐列为2015年度国家出版基金项目。原中国出版集团总裁,现任韬奋基金会理事长聂震宁先生在推荐语中称:当下的中国出版业机遇和危机共存,要实现从出版大国到出版强国的转变,需要探索具有中国特色的当代出版产业发展路径。"中国出版产业发展研究"项目直面深化出版体制改革、出版产业政策调整、当代出版文化等重大前沿问题,多视角、全方位地为中国出版产业发展提供理论支持和智力支持,具有重要的学术价值与现实价值。原中国新闻出版研究院院长,现任中国编辑学会会长郝振省先生也对丛书给予了积极的评价,认为丛书内容系统、全面,涵盖了出版产业政策、产业转型、投融资、技术创新、国际传播、数字出版、媒介融合、文化自觉、大学出版等热点问题,是一套具有完整意义的出版产业观察丛书;同时,丛书并不止于产业研究,更从文化的角度诠释了中国出版业对人类、对中国、对世界的意义。作为主编,我很欣慰地看到丛书的正式推出,也很感谢两位前辈的支持和推荐。我们中心将陆续推出丛书的第二辑,第三辑……不断跟进、记录并反思中国出版改革以及优化升级的进程,并以更为客观的视角和理性的积淀为此进程源源不断地贡献力量。目前第一辑的作者大多还是中心的博士或博士后，他们都很年轻，普遍缺乏行业的历练，看问题的辩证性还有所欠缺。但他们的优点也很明显，没有桎梏、思维活跃、有跨学科背景、有国际化视野，是我们出版和文化产业研究的新鲜力量。丛书中《当前出版企业转型问题研究》《出版传媒上市公司投融资研究》《中国出版产业政策研究：社会转型与价值观建构》《中国数字出版产业政策研究》等都是对中国出版体制改革的客观观察，其中不乏尖锐的批评；《媒介融合趋势下的出版变迁与转型》《自出版管理问题研究》《中国数字出版内容国际传播研究》《中文人文社会科学学术期刊评价体系研究》等都能在相对开阔、与国际出版市场和评价体系对接的语境中谈论中国问题；《论出版的文化自觉》《大学精神与大学出版：民国时期"学人办刊"研究》则史论结合，从出版本质、出版价值这些更为根本的视角，以史为鉴，对中国出版产业发展的走向提出一己之见。

我很珍视丛书体现出的朝气和活力，我们的出版产业也正需要以这种朝气和活力不断推陈出新，打好深化出版体制改革、融合发展、内容创新的攻坚战；按照十三五的规划，建成文化保护传承体系、文化公共服务体系、文化产业发展体系等"六大"体系。在此过程中，值得关注和深入分析的问题还很多，包括公共服务体系如何建构、融合发展如何真正落实、学术出版机制如何调整、社会化出版现象如何看待、出版传媒法制建设如何推进、资本市场如何突破体制壁垒，等等，"中国出版产业发展研究"丛书后续将陆续推出同人的思考。我期待丛书真正成为一个开放性平台，聚合起更多同行者的力量，为出版行业、为文化产业的发展提供更多的理论和思想动力。我们的出版产业改革一直"在路上"，我们的研究和行业观察也会一直"在路上"。

目 录 Contents

致　谢 / 1

绪　论 / 1
 第一节　研究背景 / 1
 第二节　研究意义 / 3
 第三节　文献综述 / 5
 第四节　研究目标与研究思路 / 10
 第五节　理论范式、理论基础和研究方法 / 12
 第六节　创新性 / 18

第 1 章　自出版的概念、分类、发展历程及产业链演变 / 20
 第一节　自出版的概念 / 21
 第二节　自出版的分类 / 25
 第三节　自出版的发展历程和产业链演变 / 31

第 2 章　美国自出版现状、特征、优势及问题 / 39
 第一节　美国自出版发展现状 / 39
 第二节　美国自出版发展特征 / 44
 第三节　美国自出版的优势 / 68
 第四节　美国自出版管理问题 / 72

第 3 章　英国自出版发展现状、特征、优势及问题　/ 77

　　第一节　英国自出版发展现状　/ 78
　　第二节　英国自出版发展特征　/ 81
　　第三节　英国自出版的发展优势　/ 83
　　第四节　英国自出版管理问题　/ 86

第 4 章　国内自出版的现状、特征、优势及问题　/ 89

　　第一节　国内自出版现状　/ 90
　　第二节　国内自出版特征　/ 99
　　第三节　国内自出版的优势　/ 104
　　第四节　国内自出版管理的问题　/ 109

第 5 章　英美自出版管理经验借鉴　/ 113

　　第一节　自出版产业链分析——找寻自出版关键环节　/ 114
　　第二节　产业链整合分析——以亚马逊自出版活动为例　/ 127
　　第三节　英美产业链整合的管理经验　/ 136
　　第四节　英美自出版对现行管理体制的影响　/ 142

第 6 章　中国特色自出版管理体系的构建　/ 151

　　第一节　以书号管理为抓手强化"内容管理"　/ 152
　　第二节　以行业标准为导向规范"平台管理"　/ 157
　　第三节　以融合互联网为契机拓展"营销管理"　/ 159

结　论　/ 163

参考文献　/ 164

附　录　/ 172

致 谢

论文改了多次,接近完成时,头脑中突然冒出来两句话:"养活一团春意思,才实现脱胎换骨。"有人说潜意识是最真实的感觉,这两句话,也许就是我此时最想说的话。

"养活一团春意思"是此刻我最真实的心理状态。博士论文写完,我总感觉不是结束,而是开始。这个"开始"有一种蓬勃之机、浩然之意,还有一种不成熟和青涩。经历了开题、中期、送审等环节,经历了徘徊、盲动、沉淀等状态,慢慢形成思路,化成行动。在成文过程中,经历种种,内求信仰指针,外寻他山之石,统统化为力量。待成文后,没承想这力量竟带出一派活泼盎然的"春天气象",为此,心中充满欢喜。待平复壮怀激烈之下的澎湃,其实留下的——全然都是感激!

没有这感激难以有力量,没有这力量难以有改变,更哪里实现"脱胎换骨"。

父母给孩子传递血缘,老师给学生传递思想。先天之得,受之父母。后天之得,源于老师。若在这读博的过程中,真的实现了"脱胎换骨",我最应感谢的就是老师。

首先感谢我的导师郝振省先生。老师从容大气,一派自然,君子之风,扑面而来。我虽尽力向老师学习靠拢,作文做人做事,都极力模仿老师,但还是难以触及衣角。"做人低调,说话要少。做事要实,文字要准。交友要慎,交往要正。""杂家的基础是专家。""做研究要有真知灼见,做朋友要有真情实感,做事情要有真心实意。"……老师不经意间的言语,都极为耐人寻味。对我的教诲,更是真挚而深刻,每每从老师处归来,内心总是波澜壮阔,正气充沛。论文从开题到成稿,老师数次提出关键的修改意见,文章结构、理论工具、逻辑梳理都一一指点,但因我资质禀赋、理论功底有限,尚未能达到老师的要求。唯有继续努力,迎头奋进才是。

还要感谢以蔡翔老师为核心的编辑出版研究中心的各位老师。回首开题前,蔡翔老师不断提醒的"问题、规范、创新";在写作中,不断翻阅学习的《大学出版发展战略研究》;在引用和分析数据时,想到蔡老师要求的"全面、权威、一手"。从选题到完成,每一步都倾注了蔡老师的关注和支持,唯有继续扎实学术,才可能回馈研究中心——这个温暖的学术共同体。感谢李频老师,促膝长谈,从学术到人生,予我以智慧,予我以启迪。在中期时,提醒我"自出版的力量是凭借技术以实现对既有屏障的超越,实现学术和科技的创新。"醍醐灌顶,感佩至深。感谢刘大年老师,在开题和中期时提出理论工具和文章框架方面的宝贵意见,在读博期间,如自家兄长一般的关心和照顾,感激不尽。感谢赵丽华老师,对文章提出的修改意见,并对学术研究规范的种种提醒,让我受益匪浅。感谢唐颖老师,对论文发表和阶段成果展示提出的宝贵建议。

感谢桂晓风署长和邬书林署长对晚辈的耐心指点,前辈对中外出版版图了然于胸的风范和对学术的严谨,高山仰止。

最后,要感谢在广西和内蒙一直关注我的师长,正是有他们的支持、期待和叮嘱,才有我不断向前的动力,在关键时期能够迎难而上,有你们的陪伴,我将一直勇敢,奋勇向前。

感谢父母、弟弟、妻子和女儿俊孜,生活能如此有意义和有趣,全在你们。

绪 论

第一节 研究背景

自出版一般是指不经专业出版机构参与,而由作者直接进行出版的活动。自出版在纸媒时代就已大量存在,甚至在专业出版活动产生以前就已出现,互联网及数字技术的发展为其提供了全新的传播手段和空前的发展机遇。以 KDP 和 Smashwords 为代表的专业自出版平台相继出现。大部分专业自出版平台投入使用后,效益可谓立竿见影。2012 年,根据"作者收入网站"的数据,亚马逊畅销书中就有 25% 是自出版的作品。根据亚马逊网站数据,在 2013 年,Kindle 上排行前 100 名的畅销书中,已有 28 种是作家自出版作品。到了 2016 年 2 月份,根据亚马逊平台的销售数据,自出版作者出版的电子书已经占据 25% 的市场份额,并且有数据表明五大出版商在亚马逊平台上销售的电子书的市场占有率在下行,而自出版的电子书的市场占有率在上升。如果保持此趋势,自出版电子书的市场占有率将在不远的未来超过五大出版商。

当前阶段的数字技术环境对于自出版的发展而言是具有明显推动作用的,自出版最需要的发展条件,当前都已具备。从国外自出版发展态势看,有两大因素对自出版影响深远:一是数字化产品的普及和技术进步,二是 web3.0 技术浪潮的不断发展,它掀起的民众创作热潮持续高涨,传统读者在数字环境下已经逐渐转变为信息的制造者和传播者。这意味着,庞大的读者队伍正在借助网络技术,实现从读者向作者的转型,选择简单易行的自出版方式,将诞生大批新的"作家"。自出版影响力将随之进一步扩大,伴随着技术进步,对出版领域和阅读文化的影响超乎想象。

海外自出版如火如荼发展的同时,国内的网络自出版仍处在尝试和摸索阶段,虽在近期业界也常有创新之举,但迄今为止,做过系统研究的相关资料还较少,截至 2014 年年底,在国内并没有官方公布的自出版产业相关统计数据。一方面这与自出版概念界定不甚明晰有关,另一方面也显示出国内研究同质化的倾向,即研究重点多在西方自出版模式探讨,而针对国内自出版的研究极少,数据误差也较大。相对于学术研究的稍显滞后,国内自出版的发展却风生水起,频有创新:最早一批试水自出版的企业豆瓣、起点等已初具规模,面对新的技术环境和读者需求,国家有关部门也意识到自出版的发展对整个出版产业的积极影响。虽然相对于国外的自出版发展,中国自出版发展受到新闻出版产业政策、消费习惯、行业成熟度、产业生态、传统观念等因素影响,形成了不同于欧美出版大国的发展模式,但在整个数字出版产业链的更新升级、重构整合的过程中,自出版的创新引领作用已日益显著。

第二节　研究意义

一、理论意义

从自出版诞生之日起,理论界对自出版的争论和研究就一直未曾停歇,自出版带来的影响已经远远超越了出版行业。自出版可以实现作者即时表达和即时传播,这种特点为创作者提供了大量的机会。网络平台中的自出版实现了真正意义上的"元出版"①。这为研究网络中的出版自由,创造了巨大的讨论空间。而且在自出版的传播与控制之间,同样存在前沿理论待研究的空白点。

由于欧美国家和我国自出版发展模式不同,对出版主题审核、法定出版机构介入、书号审批等管理方式都需要理论支撑。自出版的出发点就是要超越出版机构的藩篱,这个关键点在学界和业界也一直是争论的热点。在中国,现阶段借助网络和出版的力量,让代表先进文化的正能量作品传播开来,让更多有正能量的创作队伍进一步参与到自出版的平台之中,这些问题都需要科学的理论体系。本书将深入探讨以上论题,从规范数字出版健康发展和协调出版活动各方利益的角度,找寻数字出版引领优秀内容传播的新路径,分析整个自出版流程,在理论层面尝试将西方自出版和我国国情有机结合,这将为我国数字出版研究乃至整个文化产业发展布局提供坚实的理论支撑。

---

① 刘蒙之:《美国图书出版业"自出版"现象初探》,《编辑之友》2012年第7期。

二、实践意义

在中国数字出版的探索之路上,自出版研究已经取得了阶段性的成果,但是目前应对这种新的出版模式的相关法律法规还处于空缺状态。欧美国家自出版的管理体制、管理主体、管理办法都与国内有很大不同。从生产本质上看,自出版活动是一种内容产业生产关系的变化,表现为作者在整个生产过程中的分工有了变化,这种分工与生产力相连,具有生产力属性,这种分工以生产工具的发展为前提,工具越发展,分工就越细,劳动者专业化水平就越高。这种分工与生产关系相连,具有生产关系属性,在这其中存在着一定的交换关系、分配关系。整个自出版生产过程中的核心要素是作者,因为生产力和生产关系的中介就是分工,而自出版的分工变化,主要体现在作者角色变化,作者渗透甚至主导自出版全过程这一主要变化,将对自出版实践产生深远影响。从生产到消费这每个环节看,自出版每个环节都有实践创新之处,研究这些特点,对国内自出版发展借鉴欧美国家管理经验、升级国内数字出版技术和创新平台,将极具实践指导意义。

三、战略意义

当前,由于网络技术和数字技术的不断进步,媒体格局和舆论生态已发生根本性的变化。无论是西强我弱的国际舆论格局还是众声喧哗的国内舆论格局,都需要对舆论传播的载体做出研究和判断,从舆论形成、传播、反馈的过程看,出版产品可以影响意识形态安全和文化产业安全,自出版吸引了更多的民间写手和专业作家,相对传统出版而言,更多的内容和更广的渠道,会在网络空间中迅速形成舆论、改写舆论、扩散舆论,这就要求出版管理机构认识到出版和舆论安全的密切联系。自出版具有天生的互联网基因,这种基因与互联网产业连接就会延伸产业链条,与舆论生态链相连接会形成新的舆论力量。自出版的产品形式是图书,具有完整系统和严密逻辑的图书是传播理性声音的有效载体。换言之,自出版管理若能从内容传播的角度发挥其舆论能量,那么,自出版将重构网络舆论格局,让大众作品、专业论著、学术著作的传播影响力在网络中重新凝聚,这对于我国的意识形态安全具有极强的战略意义。

第三节 文献综述

一、国外文献

在 EBSCO 数据库中搜索全文期刊,关于"self-publishing"的所有结果共有 2492 篇(截至 2014 年 12 月 1 日),包括贸易类出版物 1136 种,杂志 488 本,学术理论期刊 342 篇,新闻 143 篇,期刊(普通)172 份,评论 70 篇,报告 30 篇,书籍 8 本,概述 1 份。有学者调查国内图书市场,并未发现有针对自出版的专著。

在英美国家的自出版平台中,Bowker 公司发布过两次美国的自出版报告,分别是 *Self-Publishing in the United States 2007—2012: Print vs. Ebook*、*Self-Publishing in the United States 2008—2013: Print vs. Ebook*;除此以外,作者收益网站(authorearnings.com)截至 2016 年 2 月份发布过 10 份作者收益报告,该报告根据亚马逊电子书销售平台的销售数据统计,分析了世界五大出版商、中小出版商、自出版作者等群体的作品销售情况。《自出版报告》为本书的附录一、二,《作者收益报告》为附录三)

二、国内文献

(一)相关行业关注点,主要从百道网和其他出版网站找寻自出版资料。截至 2014 年 12 月 1 日,在百度中搜索"自出版"新闻,共计 415 条;搜索"自出版"网页,共计 548 万条。在百道网搜索"自出版",显示"文章"共计 514 篇。大部分文章还是关注自出版平台建设,其中"来出书""京东""当当网"等平台建设颇受关注。

(二)学术文献。在中国知网上,搜索篇名为"自出版"的文章共计 43 篇,搜索篇名为"自助出版"的文章共计 72 篇。以"自出版"和"自助出版"为题的研究生论文有 8 篇,均为硕士论文,分别为:《豆瓣阅读数字自出版平台综合分析》《互联网时代的自出版平台研究》《豆瓣网的自出版模式研究》《我国网络自出版发展现状与对策分析》《自助出版商业模式研究》《自助出版研究》《改进的聚类挖掘算法对网络自助出版"长尾"文本的推荐应用》《探析"来出书"图书自助出版平台发展战略》。

三、文献分析

(一)对英美国家自出版活动历史、现状、评价的研究

追溯美国自出版活动的历史,刘蒙之认为,"自出版"能够快速在美国发展,是因为美国存在大量手工作坊式的出版商作为自出版的试水者。对英国自出版情况的描述较少,侯鹏对英国三个主要的自出版平台进行了介绍,分别为亚马逊旗下的 KDP、KWL 和 Smashwords 三大销售平

台,并对三大平台的优点进行简要总结。①

对英美国家的自出版活动进行研究发现,英美的自出版活动分为两个阶段,第一阶段是不借助现在网络数字出版平台的"原始自出版"阶段,这个阶段是以手工作坊式的出版商为主体,借助非数字化的技术手段,进行传统书籍的出版活动;第二阶段是借助网络化数字技术进行的自出版活动。根据现有文献记录,第一次尝试借助网络软件进行自出版的公司是旧金山的 Blurb 公司,他们进行出版活动的核心技术是 Booksmart 软件,当年借助自出版软件的出版活动,在市场上也收获颇丰。"从 2006 年 5 月起,美国悄然兴起网络自出版的热潮,Blurb 在此次浪潮中脱颖而出,7 个月内总收入达到 1 000 万美金。"②

在借助软件进行自出版活动之后,越来越多的经营者意识到,互联网提供的技术和渠道可以聚集更多的作品内容要素,这些要素可以通过结构化的整合,通过提供一定的模板和编辑流程,成为阅读产品。于是,在 2008 年有公司通过借助专业的网络技术,开发出了一批有影响的专业自出版平台,也就是研究者常说的网络自出版平台。2008 年,美国通过自出版模式出版的图书种类的总数达到 85 468 种,首次超过传统出版。

(二)基于经济学理论对自出版现象进行分析

颜春龙分析了 Blurb 的自助出版特点,从出版成本、市场风险、出版周期等几个方面论述了自出版的前景,研究认为自出版从"丰饶经济学"到"蓝海战略"、再到"长尾理论"是发展的必然趋势。③

与此角度类似的研究,刘肖也基于"长尾理论"视角,分析了自出版的

---

① 侯鹏:《浅析英国自助出版及其对我国的启示》,《出版参考》2013 年第 36 期。
② 颜春龙:《从"丰饶经济学"到"长尾理论"——剖析 Blurb 自助出版的成功之道》,《西南民族大学学报(人文社科版)》2007 年第 9 期。
③ 同上。

发展前景,认为随着网络技术的发展,读者需求会从传统出版的主流产品和大众市场逐渐向网络自助出版者的利基产品和小众市场发展,推动"长尾"向更后方延伸。①

同样选取"长尾理论"作为研究角度的,还有一篇硕士论文,研究对象是美国日益繁荣的网络自出版市场,作者结合"数据挖掘、营销学、统计学、机器学习、信息网络技术的有关知识,设计了一个个性化推荐系统以实现长尾文本的市场价值。"②

(三)基于案例讨论自出版的发展路径

对自出版的案例研究,主要是以自出版平台作为研究对象的。刘俏的研究较为典型,文章以"企鹅集团图书国社区"(Bookcountry.com)为案例,从企鹅出版集团的社区构成及社区用户、社区内容两个层面讨论了企鹅集团自出版借助社交网络的发展之路,得出结论:"企鹅集团的'图书国'平台与一般自助平台不同,'图书国'的编辑不仅仅是作者根据自己意愿决定是否为之付费的选择项,同时也是影响社区走向的活跃力量。认为编辑仍然承担着把关人的角色,这与其他研究对自出版编辑角色的认定大相径庭。"③

(四)对自出版常见模式或者平台的介绍

自出版平台较为系统的研究成果不多。沙琪将世界范围内较有影响的平台作了归类:"世界范围内比较重要的网络自出版平台,主要有五个:

---

① 刘肖:《网络自助出版模式研究——基于"长尾理论"的分析视角》,《出版发行研究》2007年第11期。
② 刘晨晨:《改进的聚类挖掘算法对网络自助出版"长尾"文本的推荐应用》,复旦大学2011年硕士学位论文。
③ 刘俏:《自助出版平台社区研究——以企鹅集团图书国社区为例》,《长江大学学报(社科版)》2014年第4期。

Smashwords、Kobo Writing Life、KDP、Author Solutions 和 Pubit，其中 Amazon 以它推出的自出版平台 KDP、Kindle 阅读器以及一系列自出版鼓励政策迅速成为该领域的先锋和典型代表，它在中国的成功推广以及它与盛大等知名网站的活跃互动也使之在中国备受瞩目。"①文章较为详细地描述了 Amazon 的 KDP 和 Author Solutions 辅助自出版服务。

对中国网络自出版平台的介绍，主要是以豆瓣、起点、京东三家为例。刘文欣的研究将中国较为典型的三个自出版平台作了简单分类，研究认为：豆瓣阅读主要是面向短作品和小众化的自出版平台；盛大文学旗下的起点中文网主要是面向长篇作品的自出版平台；京东商城主要是面向手机用户阅读的短作品自出版平台。②

(五)讨论自出版对传统出版的影响

事实上大部分的国内研究都涉及自出版对传统出版的影响，只是大部分文章都是蜻蜓点水式的触及，并没有对国内传统出版的具体影响进行深入探讨。在这些研究中，相对而言，比较直接和深入探讨自出版影响的文章有 4 篇。

有学者认为，自出版环境下编辑的角色和作用将发生根本性的变化，传统出版中编辑掌握着出版市场和读者需求的大量信息，而在新的自出版环境下，网络消解了编辑对市场把握的权威性，"编辑的位置感不复存在。"③

马小琪认为"数字自助出版在国外的风行与国内的兴起预示着传统出版商将面临严峻考验。""数字自助出版模式在市场营销战略、生产组

---

① 沙琪：《西方国家网络自出版平台发展》，《编辑学刊》2014 年第 2 期。
② 刘文欣：《中国网络自出版现象考察》，《编辑学刊》2013 年第 5 期。
③ 孙献涛：《自助出版：冲击行业游戏规则》，《光明日报》2013 年 5 月 6 日。

织方式、供应链管理、盈利模式等内容的基础上都会影响传统出版行业的转型。"①

孙赫男认为:"自出版在一些作者心目中被视为逃离第三方出版商，掌控写作自由和自身利益的最好方式，将传统出版机构置于即将丧失出版资源和发行渠道垄断地位的尴尬境地。"②

对于自出版对传统出版社的影响，付宁华结合我国《出版法》有关规定，探讨了自出版的有限性，他认为:"作为一种新的出版模式，网络自出版为传统出版业带来了新的探索，我国的出版社也有了类似苗头，但从法律、国情、作者权益和社会责任等角度考虑，中国网络自出版的良性健康发展应该是我们工作的出发点。"③

对于自出版对传统图书编辑角色影响，雷少波和谭熠的研究认为:"网络自出版的兴起挤压了传统图书出版的空间，挑战传统图书编辑的存在价值。但网络自出版由于跨越出版社和编辑这个专业中介，进行点对点传播的特点，决定了其在形式感、严谨性、创意、组织性、宣传推介等方面存在一定的局限。因此，传统图书编辑如果能充分认识到自身所不可取代的独特价值，并将其发挥到极致，必能在网络自出版等新出版形态的冲击下坚守并发扬自己的职业责任和权利。"④

第四节 研究目标与研究思路

研究目标：一是界定自出版概念、历史、存在价值和社会意义等；二是

---

① 马小琪：《数字自助出版模式对我国传统出版业数字化转型的启示》，《出版发行研究》2013年第6期。
② 孙赫男：《自出版在传统与数字出版业态中的发展状况及对策分析》，《出版广角》2013年第11期(上)。
③ 付宁华：《网络自出版的崛起对传统出版社的影响》，《编辑学刊》2013年第4期。
④ 雷少波，谭熠：《网络自出版的兴起对传统图书编辑价值的挑战》，《编辑之友》2014年第8期。

自出版活动存在的问题与原因分析,包括各种自出版活动存在的问题,以及相应原因分析等;三是国外有关的立法规定与管理实践介绍,主要是美国、英国关于相应自出版活动的法律条文和管理实践;四是关于我国加强和改善自出版管理的对策与建议。

从宏观上看,本书的研究目标是在界定自出版概念的基础上,对整个自出版政策环境、技术环境、运行环境、产业链予以全面考察。微观上看,本书的主要对象为商业模式和运作模式的分析,以及在此基础上提出的管理建议。由于自出版在美国发展较为迅速,在市场中的表现也十分抢眼,所以本书的国外研究案例也主要集中在美国。国内的自出版有很多创新,但是并没有和美国自出版有严格意义上的标准对位参考,所以在国内的研究目标主要是综合国内常见自出版平台和新近出现的自出版创新趋势。

研究思路:本书通过界定自出版概念与范畴,对自出版平台、网络社区、App 应用商店、内部资料性出版等各种出版活动存在的问题进行全面、系统分析。借助经济学中的产业链及分工理论,将自出版产业链上的主要因素进行剖析。在此基础上,借鉴国外有益的法律规定和实际做法,提出当前我国自出版管理的对策与建议。

具体而言,本书先界定自出版的概念,其后简单回顾自出版在世界出版发展中的历史。主要将书号、作品、平台、运营、作者等因素作为影响自出版发展的动因,再以产业链理论逐一分析内容提供、平台运营、读者、硬件、出版社等单因素,最后通过对比中、美、英等国家的自出版管理措施,提出适合中国自出版现状和趋势的管理建议。

第五节　理论范式、理论基础和研究方法

一、理论范式

(一)分工理论

1. 分工的概念

分工是劳动的社会存在形式。从静态的系统观出发,分工是各种不同的而又彼此相连的劳动活动类型与形式的体系;同时从动态发展的过程看,分工也是统一的社会生产体系中各种劳动和它们之间相互制约发展的活动过程。

从整个社会范围看,在人类参与从事劳动过程中,可以根据劳动对象、劳动条件、劳动功用的不同将劳动划分为不同种类;同时人们也会根据自身能力的不同,参与到不同种类的劳动中去,前者的分工表现为劳动分工,后者表现为劳动者分工。劳动分工又可以分为一般分工、特殊分工、个别分工。[①]

2. 分工的社会作用

(1)分工是生产力和生产关系的中间环节,生产力的改变要通过分工来催动生产关系的改变。生产力的物质基础要求把社会生产天然划分为不同部门和层次,以此为基础形成了社会经济发展的基本结构。可以说分工水平是社会生产力发展水平的天然量度,"一个民族生产力的发展水

[①] 郝振省:《分工论——一个历史和现实的哲学命题》,黑龙江教育出版社1998年版。

平,最明显地表现在该民族分工的发展程度上。"①

(2)分工是提升生产力的有效方法。"增加劳动生产力的首要办法就是要细密的分工。"②正像老子在《道德经》中的经典论述,天下大事,必作于细;天下难事,必作于易。分工是将整体细分为个体的有效办法,是将劳动者和劳动任务有机组合的最佳方式,通过分工可以使劳动者集中最大的注意力和时间完成最擅长的任务,从而提升劳动系统的整体效率。

(3)分工催生了新的劳动工具,劳动工具又深化了分工。这就类似于战场上兵种的不同造成了武器装备的不同,武器装备部门会基于战绩的反馈来继续发明新武器,提升已有武器的性能。

(4)分工促进了人的全面发展。马克思认为分工造成了异化,但是异化的同时提供了多样性的社会供给,比如:篮球运动员提供了娱乐性的比赛活动,但是他同时也会享受书籍生产者的阅读,从人类整体看,分工会让人的全部身心得以在更广阔空间内延伸。

3. 关于分工理论的理论脉络

分工理论从斯密首次提出发展至今,经历了偏移、回归、复兴等几个重要阶段。斯密指出"技术变迁以分工加速知识积累的形式,成为报酬递增永不枯竭的源泉。"③此后分工理论在马歇尔等经济学家的视野中,逐渐增加了地理因素的关注,从而提出了产业集群的概念,这相对于最初的人的劳动分工,已经发生了偏移,重点是从人类劳动分工,偏移到了自然地理禀赋的影响。后经过杨格等经济学家的研究,使针对分工理论的讨论回归到人的劳动分工与社会报酬之间的关系,直到 20 世纪 80 年代,杨

---

① 中共中央马克思恩格斯列宁斯大林著作编译局:《马克思恩格斯选集》3 卷,人民出版社 2006 年版。
② 中共中央马克思恩格斯列宁斯大林著作编译局:《马克思恩格斯全集》1 卷,人民出版社 2006 年版。
③ 汪斌,董赟:《从古典到新兴古典经济学的专业化分工理论与当代产业集群的演进》,《学术月刊》2005 年第 2 期。

小凯等经济学家在此基础上提出了新古典经济学。

分工理论主要是考察自出版模式的作者、编辑、读者、平台等环节的微观考察工具。自出版自从诞生之日,就一直伴随着质疑:自出版模式下还有编辑吗?自出版的编辑与传统编辑有何不同?自出版的作者究竟有多大权力?自出版的读者扮演什么角色?读者和作者之间的互动关系是怎样影响营销的?自出版的盈利模式是怎样的?自出版的营销究竟由谁来完成?这些疑问,都需要从分工理论的范畴中找寻答案,尤其是恰逢国内外数字出版的转型融合期,这种数字技术对传统出版的影响,可以说在自出版的模式中都能"管中窥豹"。所谓"一叶知秋",分工理论就是要从自出版模式这一小片"树叶"中,剖析出整个出版流程变化的"叶脉",分析出叶落之初的技术环境带来的"气候变化"。

(二)产业链理论

1. 产业链概念

产业链即是通过某种契约达成的能满足最终顾客需求的相互有机融合的企业共生体,它是由供应商、企业、渠道和买方构成的企业共生价值系统。①

"产业链的思想最早来自于西方古典经济学家亚当·斯密有关分工的论断,强调企业自身资源的利用,仅把产业链看作是一个产品链。美国哈佛商学院著名战略学家迈克尔·波特在分析公司行为和竞争优势时,认为公司的价值创造过程主要由基本活动(涉及企业生产、销售、进料后勤、发货后勤、售后服务等)和支持性活动(涉及人事、财务、计划、研究与开发、采购等)两部分构成。这些活动在公司价值创造过程中是相互联系

---

① 张霞:《数字出版产业链急需整合——首届中国数字出版博览会将在京举办》,《中国出版》2005年第5期。

的,基本活动和支持性活动构成了企业的价值链(Value Chain),从价值创造的角度分析,价值链理论是产业链理论的先导。"①

2. 产业链理论的基本工具

(1) 产业链结构和演化理论

产业链的结构演变过程,是考察自出版产业的有利视角。分析出版产业链从一级结构到三级结构的演变过程,是观察自出版发展推动要素最直观的视角,从原材料(内容)、出版技术、资本运作、政策引导等要素加入和作用形式考察自出版发展形态、产生的原因和创新的趋势,可以为自出版良性发展提供理论指引。产业链的三级结构演化,是按照四个维度进行的,分别为资源、产品、机制、层级。

(2) 产业链整合

关于产业链整合有多种维度,有纵向延伸、横向拓展、产业链融合等多种,本书主要采用纵向和横向两个维度作为分析工具。纵向整合代表了自出版产业链整合的深度和长度,纵向整合产业链越长,则产业链的资源加工深度和价值增值就越多。产业链的横向整合代表了产业链整合的宽度和厚度,产业链环节的整合宽度越宽,则产业链的规模就越大,其对产业链发展的影响就越大。(见表 0.1)②

二、理论基础

(一) 经济学:自出版的发展与整个世界出版业的数字化转型密不可分。本书将借助产业经济学的理论及视角,充分考察自出版的市场机构、读者行为、企业绩效等产业内因素。重点考察不同市场形态中的自出版

---

① 吕强龙:《冲突与整合——中国数字出版产业链研究》,复旦大学 2013 年博士学位论文。
② 吴彦艳:《产业链的构建整合及升级研究》,天津大学 2009 年博士学位论文。

表 0.1 产业链整合的关键信息

维度	纵向	横向	融合
供需链	改变上下游企业的契约关系	改变平行企业契约关系	同时改变上下游、平行企业契约关系
价值链	获得更多附加价值	获得规模经济	追求附加值和规模经济
产品链	拓展资源的加工深度	互补产品的加工能力	资源加工深度和互补品生产能力
技术链	上下游技术延伸	技术应用渗透	技术创新
空间链	改变企业地理布局和空间分布	改变企业地理布局和空间分布	改变企业地理布局和空间分布

来源:郑大庆,张赞,于俊府:《产业链整合理论探讨》,《科技进步与对策》2011年第2期,第64—68页。

企业发展路径,并对出版相关产业融合态势作经济学视角分析,力争呈现出在传统出版与新兴出版的融合发展进程中的新特点、新趋势,为中国自出版及相关产业制定产业政策提供一定的可借鉴的经验。

(二)哲学和社会学:在进行出版业案例分析或者对比分析时,马克思主义哲学原理是贯穿始终的标准,从个体到整体,从特殊到一般的归纳思维将贯穿论文始终。同时,针对作者、读者、编辑等角色的变化,本书将作社会学意义上的解读。

(三)管理学:在我国当前数字出版发展阶段,在法律层面,部分管理条例和措施确实存在亟待完善之处;在产业整合层面,不仅区域分散,内容、渠道和技术等多方面都亟须进行整合;在人才培养层面,急缺从事自出版行业管理的人员;出版行业管理、社会管理、技术管理等层面均需借助管理学的理论,进行分析和探讨。

三、研究方法

(一)比较研究方法。在互联网技术不断发展的背景下,互联网与自出版的结合为出版行业趟开了一条新路,数字化的自出版是伴随着网络书店、长尾效应出现的稳健型的服务方式和大众参与的个性化出版模式,在美国,自出版很好地激活了出版市场,带动了图书出版业的又一次繁荣,催生了一大批畅销书作家,也促使作家放弃传统出版商而转投数字平台。相比之下,中国的自出版还处在探索阶段,势必要参照比较英美自出版的成功做法,在行业管理、版权、质量审核等方面对欧美国家如何进行自出版管理进行深入分析。

(二)历史研究方法。自出版是在与网络技术的互动中发展起来的。马克思主义认为,事物不是突然发生的,也不是事物在形成过程中有某种无法解释和无法预见的原因蜕变的结果,在以一种质的状态过渡到另一种质的状态为特征的各个连续不断的发展阶段之间,存在着客观的渊源联系、内在的因果关系,研究这种联系和关系就能把握各种不同事物递变的规律。历史分析法就是依据上述马克思主义联系发展的观点和动态系列的观点,通过对有关研究对象的文献历史资料进行科学的分析,说明它在历史上是怎样发生的,又是怎样发展到现在的状况。分析事物演变过程的历史性有两层含义:其一是揭示某种事物产生的最初历史背景,寻求历史根源;其二是把对事物的历史考察同现实调查分析结合起来,古为今用。

(三)案例研究方法。研究自出版领域最新案例,有利于追踪自出版发展的最新动态、确定需要研究的管理问题、探寻有效的解决方案。本书采用案例研究方法,通过研究自出版的重要案例和最新案例,从微观角度研究新技术对自出版管理的影响及法律政策对自出版的影响,从而把握自出版在中国的发展规律,探寻自出版法在新技术背景下的瓶颈所在和应对之策。

第六节　创新性

　　一直以来,自出版的认定标准在于出版过程是否有专业出版机构的参与。本书创新之处在于将自出版认定的核心标准界定为:作者在出版产业链中的作用是否发生了颠覆性的变化,即只有在整个出版流程和整条出版产业链中,作者扮演了主要出资人、主要管理者、主要营销者的出版模式才是真正意义的"自出版",这体现了自出版自主、自动、自发、自助的特征,这一切标准的核心就是作者的作用和地位,与传统出版相比是否发生了颠覆性的变化。至于是否拥有书号、是否应用专业平台、是否有网络营销行为、是否有以大数据作支撑的选题策划等因素,只是"由作者主导出版全流程"的随带问题和次要特征,抓住和验证了作者主要作用的主要性、合理性、趋势性,是本书最核心的创新之处。基于此,本书对美国、英国、中国的自出版商业模式作了考察分析,针对三个国家自出版商业模式运行的优势和问题,提出中国自出版管理的合理建议。

　　其他内容也有部分创新之处,表现在:

　　将自出版与相似概念作了较为明晰的比较和界定。现代数字网络技术为自出版提供了新的生存和发展条件,但自出版不等于数字出版、网络出版或者电子出版,自出版包括一定的纸媒体出版形态,而数字网络出版中有很大一部分不属于自出版。事实上,在专业出版机构出现以前,由作品权利人借助有形媒体直接进行文化内容传播的大量活动都属于自出版。

　　在市场监管层面的建议创新。自出版没有行业准入门槛、没有内容把关机制、没有固定媒体形态和运营场所,容易出现管理缺位、内容失范、行为失控、侵犯知识产权、侵犯个人或国家其他合法权益等违法有害情况。

　　一、全面性:研究不仅局限在国内,而是将国内外自出版发展现状作全面梳理和对照(中、美、英);不只对自出版常见模式或者某一网络平台作描述,而是多种模式和平台作对比参照(CreateSpace、Smashwords、Lulu Enterprises Inc、ASI);不仅关注到自出版作品的生产环节,更加关注自出版的生产、分配、交换、消费全过程。

二、前瞻性:研究不仅以当下自出版发展现状作为对象,同时关注了自出版的发展趋势,依据 *Self－Publishing in the United States*,2008—2013、《自出版作者收入报告》等有关数据,对国内自出版发展问题和趋势作出预测。

三、针对性:研究针对我国自出版发展的主要问题作分析。如:书号使用、内容管理、平台建设、读者结构、作者队伍、与传统出版的融合等问题。

四、准确性:研究中选择的数据力求做到一手、权威、全面。现有部分网络文献中的核心数据在反复转载和引用过程中,存在出处错误、数据陈旧等问题。本书力图追根溯源,保证数据的正确性、真实性,并且力求能依据最新数据进行分析。

五、独创性:本书提出的自出版概念和特征,相对于已有概念和研究是具有独创性的,并没有将是否有专业出版机构的参与作为认定自出版模式的标准,而是主要考察作者在出版产业链中的作用变化,这与以往任何研究相比都是不同的视角,提出的概念、特征、问题和建议都是具有极强的独创性的。

目前我国关于自出版的研究比较少,本书是对自出版较为系统的研究,从自出版的概念、历史、模式等全视角探讨自出版管理,这在研究高度和视野方面是突破之一。结合当前大数据和数字出版的背景,本书还对自出版对我国出版产业格局的影响作直接探讨,这是在对欧美国家自出版发展经验基础上的扬弃,对我国出版产业今后的发展布局具有全局意义,在实践影响层面亦是可能突破之处。

第1章
自出版的概念、分类、发展历程及产业链演变

本章主要分析自出版概念、分类、发展历程、产业链演变。对于目前文献中已有的自出版概念,本章将选择有代表性的概念,予以对比分析,在此基础上提出自出版应为作者主导出版全流程的出版模式,所谓"主导"就是作者既是作品的创作者,又是知识产权的出资者,还是知识产品的经营者和主要收益者,他是出版产业链中的第一要素。在这种模式中,传统出版社、平台运营商、版权代理机构仅作为出版服务商发挥作用,而整个自出版流程由作者主导完成。

考察自出版分类是因为自出版的形式丰富,不能以单一视角对其进行全部概括,所以以出版产品形式、自出版平台功能、主体和内容分类、是否有网络技术参与等标准进行分类。继而考察中外自出版发展历程,最后一节从产业链的角度考察自出版的演变过程。笔者认为在自出版产业链的演变过程中,无论是西方自出版"平台话语权独大"的形式,还是目前国内作家富豪群起的态势,都是一种阶段性的特征,都是一种产

业链深度整合的过程性标志,其实质是自出版平台与作家间的权力博弈过程。

第一节 自出版的概念

关于自出版的概念,现有文献并没有统一的说法,几乎所有文献都将自出版作为自助出版的简称,为了统一概念的表达,本书将部分文献的"自助出版"直接引用或者翻译为"自出版"。其英文一般为 self-publishing(也有研究翻译为 self-publication)。在英文概念 self-publishing 或 self-publication 的构词中可以发现词根 self 的使用,并不仅仅意味着"自助",同时可能含有自主、自动、自发、自在、自觉等含义。但是在国内现有的关于自出版的概念中,很少有包含和涉及"自主、自动、自发、自在、自觉"等特征的解释。根据笔者对现有文献的查询,自出版(self-publishing)的概念有以下几种:

1. 图书"自出版"是指在没有出版商参与的情况下由作者出版图书的新兴出版业态。作者控制包括图书装帧、体例、价格、发行、营销和公关等整个图书运作流程。[①]

2. 自助出版即作者个人写书,自己编辑、印刷、发行、投资出版图书。虽然并不是每件事都由自己动手,但基本上绕过了著作经纪人、出版社等中间人,自己直接同编辑、封面艺术家、图书设计师以及印刷商、发行商打交道,最后处理营销和发行事宜。[②]

3. 自助出版是指作者出于自娱自乐、分享知识或盈利等多元目的,绕开出版社等传统出版发行机构,自主投资,全程自处理或将全部或部分业务外包给能提供服务的专业人员或公司,制作并出版发行数字化和纸质

---

① 刘蒙之:《美国图书出版业"自出版"现象初探》,《编辑之友》2012 年第 7 期。
② 魏龙泉:《自助出版风靡美国的 7 个理由》,《出版参考》2005 年第 18 期。

的书籍和其他媒体形式(如期刊、音像制品)的活动。①

4. 网络自出版作为基于网络平台的新兴图书出版业态,是指作者在没有第三方出版商介入的情况下,利用电子图书平台自主出版图书或多媒体产品,从而形成一种"作者—电子图书平台—读者"式的出版格局。②

5. 自助出版或自出版是指图书或者其他形式的出版物在没有出版商按其常规出版流程进行策划、出版、发行的情况下,由作者主导推动进行出版的特殊出版业态。③

综合以上定义,自出版的概念界定存在三个方面的问题:一是自出版的基本特征是什么?二是自出版是否属于出版?三是自出版属于模式、活动、业态、方式、形式还是行为?

第一,关于自出版特征。从现有的文献对自出版的总结来看,自出版必须具备三个基本特征:一是必须由作者主导作品出版的全过程。自出版全过程作者作为主导因素参与,并且贯穿始终,这点与传统出版过程中大部分作者只负责创作环节有根本的不同。二是出版过程基本绕过传统出版机构。作者在从事自出版活动时,承担了原来由传统出版机构负责的工作内容,自行整合资源完成出版。三是出版物形态多样。自出版的出版物形态包括纸质书、电子书、音像等其他多媒体产品。现阶段国内外自出版的主要产品是图书,本书研究的自出版出版物以图书为主,包括纸质书和电子书两种类型。笔者认为,自出版的最大特征是,作者主导出版全过程,并且是出版产品的主要受益人。从分工的角度出发,作者从被管理者转变成为出版活动的管理者,才是自出版最鲜明和最核心的特征。关于是否绕过传统出版社、是否有传统编辑参与、是否经过书号申请、是

---

① 马小琪:《数字自助出版模式对我国传统出版业数字化转型的启示》,《出版发行研究》2013年第6期。
② 刘文欣:《中国网络自出版现象考察》,《编辑学刊》2013年第5期。
③ 孙赫男:《自出版在传统与数字出版业态中的发展状况及对策分析》,《出版广角》2013年第21期。

否选择专业出版平台、是否有自建网络平台等特征,都不是区别自出版与其他出版模式的主要标准,因为以上特征和环节都是建立在作者主导出版流程基础上的作者个人的选择问题。只有从作者的角色和作用的角度出发,才能清晰判定现有的出版模式是否为自出版。

第二,关于自出版的资质问题。换言之,自出版是否属于真正的出版活动,可以从法律层面和现实活动两个角度进行分析。

从法律层面看,我国的大部分自出版活动都不是严格意义上的"出版活动"。

首先,我国《出版管理条例》第九条规定:"报纸、期刊、图书、音像制品和电子出版物等应当由出版单位出版。"从出版单位的资质上看,我国大多数从事自出版的平台并不是其中所规定的"出版单位"。

其次,根据《电子出版物管理规定》第二条"本规定所称电子出版物,是指以数字代码方式将图文声像等信息编辑加工后存储在磁、光、电介质上,通过计算机或者具有类似功能的设备读取使用,用以表达思想、普及知识和积累文化,并可复制发行的大众传播媒体"。在此条例中,并未明确"电子书"等形式的出版物为"电子出版物"。换言之,自出版的出版单位和电子书出版物并不违反法律意义上的"出版物"。

再次,假设自出版形式的电子书符合"新闻出版署认定的其他媒体形态",那就需要有 ISBN。根据国际 ISBN 中心在 2005 年的修订结果,国家标准书号 ISO 2108 规定:"出版物的不同版本和不同形式都要用不同的 ISBN 标识,它是出版物的唯一标识。每一个电子出版物的不同格式都应分配不同的 ISBN。"[①]我国的《电子出版物管理规定》第二十六条也规定:"出版非连续型电子出版物,必须按规定使用中国标准书号;出版连续型电子出版物,必须按规定使用中国标准刊号及国内统一刊号。"我国

---

① 邢瑞华:《电子书与 ISBN 号》,《全国新书目·数据大全》2010 年第 11 期。

目前网络中几乎难以找到具备 ISBN 标识的出版物。

所以,综合分析出版单位、电子出版物归类、书号等三个法律要素,我国的自出版从法律意义上还很难称之为真正的"出版"。

现实活动层面:从出版的定义分析。《著作权法实施条例》表述出版是:"将作品编辑加工后,经过复制向公众发行。"有学者将出版的关键要素归纳为 12 个字:选择作品、加工复制、广泛传播。① 与之相似的表述还有:"人类创作、编辑作品、经过复制公之于众并被接收或接受的社会传播现象(活动)。"结合国内外自出版的发展现状看,自出版具备"创作作品、加工编辑、复制传播"三个要素,所以从出版的定义、要素、现状看,自出版符合"出版"的定义,属于出版活动。

综合以上法律层面和现实层面的分析,确实存在定义的矛盾之处:在法律意义上,自出版并不符合相关法规,但是从出版的要素和现实分析,自出版确实具备出版要素,已经有现实活动,并且有相当的社会影响。所以,综合以上分析,自出版是作者主导出版全流程的出版模式,所谓"主导"就是作者既是作品的创作者,又是知识产权的出资者,还是知识产品的经营者和主要收益者,他是出版产业链中的第一要素。在这种模式中,传统出版社、平台运营商、版权代理机构仅作为出版服务商发挥作用,而整个自出版流程由作者主导完成。

相关概念:

数字出版:"指以互联网为流通渠道,以数字内容为流通介质,以网上支付为主要交易手段的出版和发行方式。目前一般认为,数字出版产品包括数字图书、数字报纸、数字期刊、数据库出版物、手机书、手机报、手机刊、手机音乐、电子书、动漫和网络游戏产品等。"②

---

① 肖东发:《从传播学、出版学的视角看自媒体》,《出版广角》2014 年第 8 期。
② 全国出版专业职业资格考试办公室:《数字出版与数字出版产品》,上海辞书出版社 2011 年版。

网络出版:"具有合法出版资格的出版机构以互联网为载体和流通渠道,将数字化的出版物存储在网络服务器中出版销售的行为。"①

按需出版:利用先进的数字储存技术、数码印刷技术和网络传播技术,把出版信息储存在计算机系统中,在需要的时候直接印制成印刷文本的形式。②

自出版属于数字出版的一种形式,部分属于网络出版,这是因为具有出版资格的自出版平台从事的出版活动,才是真正法律意义上的网络出版,另外有相当部分的"出版"是不在此列的。按需出版只有在作者主导出版物全过程的情况下,并且真正超越了传统出版机构的活动才属于自出版,除此之外还都只是传统出版方式的一种类型。在目前的图书电商平台中,大部分"按需出版"只是根据网络销售的订单进行印刷,从严格意义上来说,目前的"按需出版"不仅与自出版无交集,而且与真正意义的出版也有距离,只能说是"按需印刷"的一种网络销售形式。

第二节 自出版的分类

从现有的对自出版分类的相关文献看,大多研究是将自出版的划分按照表现形式、介质、出版平台等标准进行分类,这种分类是结合了自出版发展历史和现状,对已有自出版模式进行的归类,这种分类标准是客观的、全面的,但是自出版的动态发展过程是极其迅速和复杂的,呈现出的特征是丰富而多元的,若仅从已有模式进行归类,恐难以把握自出版模式的核心要义。常见的自出版分类有:

一是按照出版产品形式分类:分为电子书自出版和纸质书自出版。

二是按照平台功能和性质不同分类:分为原创内容平台自出版、发行

---

① 张彬:《对"自媒体"的概念界定及思考》,《今传媒》2008年第8期。
② 肖叶飞:《美国按需出版的运营机制与启示》,《编辑之友》2014年第2期。

平台自出版、传统出版社转型数字平台自出版、自媒体平台自出版。

三是按照主体和内容分类：自出版的主体既有普通大众，也有专业人士，其出版的内容也丰富多彩。以自出版最早且已有规模的美国为例，其自出版主体和出版内容可以细分为三类：基于个人业余爱好的、随意性较强的网络自出版(Casual Hobbyist)；较为专业化的自出版(Professional)；介于这两种之间，即基于个人业余爱好的、态度严肃的自出版(Serious Hobbyist)。[1]

四是按照是否有网络技术参与分类：分为传统自出版和网络自出版。传统自出版是指作者自行编辑、印刷、发行、投资出版传统图书，包括马克·吐温等很多著名作家，在走入作家行列之初，亲力亲为和编辑、封面设计者以及印刷商、发行商协调管理出版全过程。在传统自出版中，还有一种特殊形式，就是单位或组织内部的出版物，这种出版物并无书号，出版目的多为组织内部宣传或者培训学习，也是由作者直接负责编辑和印制，全程并无专业出版机构参与，但是同样完成了"作者生产—读者消费"的全过程。网络自出版"是指作者在没有第三方出版商介入的情况下，利用电子图书平台自主出版图书或多媒体产品，从而形成一种'作者—电子图书平台—读者'式的出版格局。"[2]所谓的网络自出版就是目前最为普遍的借助网络平台的自出版形式。

以上自出版的分类，都是从某一方面的特征对自出版进行划分。从自出版最核心的特征出发，并没有能够全面概括的分类。从模式的发展性看，也没有将自出版的发展趋势进行有预见性的归类。换言之，已有分类仅仅呈现的是自出版在某个阶段呈现出相对特征的绝对性，而没有抓住自出版绝对核心特征中的相对性。自出版的核心特征决定着自出版的

---

[1] 美国网络自助出版三种类型的划分及其相关阐释参见：Ron Pramschufer, *How Much Does It Cost to Self-publish A Book?*。

[2] 刘文欣：《中国网络自出版现象考察》，《编辑学刊》2013 年第 5 期。

分类标准,或者说,如果能够从本质的把握上去认识自出版,那么就会发现,自出版的分类只不过是一种或者多种认识自出版本质的观察视角。

一、从生产力和生产关系的辩证关系看,生产力的提升是自出版呈现不同形态的根本原因

无论是否有网络技术参与,无论是否有数字平台,无论是否形成电子书或者纸质书,也无论其作为何用,究其本质,自出版的类型是一种出版领域的生产方式,而任何一种生产方式都是生产力和生产关系的统一。在不同历史时期和国家中,生产力和生产关系各不相同。从生产力的角度出发,它包括三个要素:劳动者、劳动资料、劳动对象。在自出版的全过程中,作者是劳动者,作者从事创作与传播的系统就是劳动资料,在劳动资料的系统中,劳动工具是作者在劳动过程中对传播内容进行加工的事物,劳动工具直接传递人对自然的作用。"各种经济时代的区别,不在于生产什么,而在于怎样生产,用什么劳动资料生产。"① 劳动对象就是作者凭借时代技术在劳动过程中加工的事物。在自出版的生产和再生产过程中,作者在生产过程中运用网络或者其他数字技术的目的,都是超越原有劳动资料的束缚。借用网络平台超越专业出版机构对内容的束缚,借用电子书和移动终端超越纸质书对内容传播速度的束缚。自出版借助科技,这是生产力发展的必然结果。

从生产关系的角度出发,生产关系的特点体现在自出版的生产、分配、交换和消费四个环节之中,通过生产、分配、交换和消费的正常运转得以维持和发展。生产关系的变革需要相应的物质条件。当新的生产力尤其是新的生产工具已经形成,而且这种新的生产力已经在物质生产中占

---

① 中共中央马克思恩格斯列宁斯大林著作编译局:《马克思恩格斯全集》第 44 卷,人民出版社 2006 年版。

据主导地位时,变革关系的物质前提已经具备。生产关系对生产力的反作用是通过分工这个中介完成的。纵观自出版的全过程,正是作者和编辑的分工调整、作者和出版商的分工调整、作者和营销团队的分工调整、读者和编辑的分工调整等过程。例如:在传统出版中,作者不涉及编辑和营销环节,而在自出版过程中,编辑将部分编辑权力让渡到作者身上,作者通过编辑软件或者编辑平台进行作品加工,这样的分工变化导致了生产力和生产关系的新变化。"生产力通过分工决定生产关系。生产力首先决定劳动分工,劳动分工决定劳动者分工,劳动者之间的分工决定了管理者和被管理者的分工,以管理者和被管理者分工的性质和状况为主构成了生产关系及其他一切生产关系。"①在自出版整条生产环节中,作者从以前的"被管理者"已经转型成为"管理者",而更多自出版平台的编辑从最初的"管理者",逐步走向后台的"被管理者",这不仅仅是作品生产过程中权力大小的重新划定,更重要的是,作者与编辑的分工有了颠覆式的变革。这不意味着作者替代编辑,或者编辑权力减小,而是自出版重新调整了两者的专业分工,使之完成了新的重组,编辑将承担更加专业的书稿编辑环节,作者将承担更多的出版环节要素管理职责。简言之,自出版的发展实质是:数字出版领域的生产力发展已经到达了新的历史阶段,而生产关系的相应调整和对生产力的反作用,将决定着新的出版活动是否能将生产力释放,以促进社会进步。

二、从技术与资本的融合程度分析,技术与资本的合力大小决定着自出版模式的变化程度

自出版是以网络出版技术和作者智力资本的投入为主的出版模式,

---

① 郝振省:《分工论——一个历史和现实的哲学命题》,黑龙江教育出版社1998年版。

正是因为作者的智力资本和网络技术的合力,使出版流程发生了根本性的变化。这种变化表现在创作模式、业务模式、盈利模式、营销模式等几个方面,与传统出版相比,这些模式中都有了明显的作者主导印记。从技术和资本两者的对比看,作者的智力资本投入相对于技术更加重要,所以自出版颠覆性变化的核心,还是作者的智力资本在新的出版环境下扮演了新的角色。不夸张地说,是技术的进步把作者从出版流程的"观众席"推到了出版产业的"大舞台",而作者创作作品的质量和作者本身的管理能力,决定着作者能否走进"舞台中央"。尽管作者的收入分配机制、品牌构建、运营能力等还有待完善和提升,但从自出版的发展趋势看,作者将扮演着越来越重要的角色,将发挥出前所未有的作用和影响。

出版模式的变化,体现在出版产业链和价值链的整体重构。作者成为了真正意义的内容提供者 CP(Content Provider),他们是内容资源的主要来源和发起环节。内容资源是自出版产业链中传递的主要价值。在传统出版参与者中,内容提供的初始点由作者发起,但是内容整合编辑主要由出版机构完成,确切地说,内容生产流程的主要部分是由出版机构完成的;在自出版中,内容提供者的范围扩大化,自出版作者通过借助网络自出版平台的内容编辑整合功能,可以跨越出版社作为独立内容提供商。从产业链的初始处,自出版的作者得到了更多的权力和机会,从目前的发展状况看,至少在是否成书和销售的决定权方面,自出版的作者确实可以称为名副其实的内容提供者。在传统的出版价值链中,出版内容是创造价值的核心,也就是常说的出版业是内容产业。自出版的价值链是立体的、双向的、多元的、融合的,不仅仅向读者出售作品和阅读服务,同时也向作者提供更加多元的服务,不仅销售图书产品,同时也在积累销售行为的大数据,这种产品、服务、数据的多元延伸,更加密集而宽泛地延伸和拓展了出版价值链。

三、从自出版的全流程和相关产业的角度分析,自出版的管理核心和抓手应是产业链整合

随着社会分工越来越细化,消费者对商品的需求越发多样化,这一方面刺激商品供给的速度越来越快,另外一方面就要求企业间的配合越来越紧密,因为单个企业产品或者服务的供给能力是有限的。从产业链角度出发,单个企业上下游企业都会制约产品服务的速度和质量,所以单个企业生产效率的增长,应建立在整条产业链效率提升的基础之上。

传统出版产业链的核心环节主要是编辑、印刷、发行。在传统出版行业中,无论是国内还是国外的出版行业,官方的出版机构和大型出版社掌握有限的出版资源,这种资源垄断的局面在相当长的时间内造成了出版资源的缓慢流转、难以整合。在出版资源重组过程中组成的出版集团和传媒集团,主要是由传统出版社发起,通过机构重组、收购等形式组建集团化运营的出版企业,时至今日,这种重组并购仍然没有停下脚步,而且在世界范围看,这种趋势还将持续。但是,重组并购的目的并不是规模化,而是让核心竞争力得到更大范围的发挥,可以说重组的出发点和落脚点都是增强集团的核心竞争力。总体来看,传统出版社产业链的整合,无论选择的是国际化的并购,还是一定地域区间内的重组,传统出版业集团化的产业链建构和整合思路相对清晰。相比后来的数字出版产业链,其参与主体较少,主体的背景和性质也较单一。[①]

综合以上三个部分,笔者认为:自出版的根本特征是作者角色的变化,自出版的最大推动因素是技术和资本,自出版管理的核心和抓手是产业链的整合和重构。

---

① 吕强龙:《冲突与整合——中国数字出版产业链研究》,复旦大学2013年博士学位论文。

第三节　自出版的发展历程和产业链演变

一、西方国家自出版发展历程

美国早期的自出版活动主要是"自费出版"的变形，作者组织出版流程中所需要的资源，通过付费购买劳动和原料的形式，进行书籍印刷和销售。在这个过程中，作者对作品内容拥有绝对的权力，有很多文学作品通过这一途径取得了非常好的市场销售成绩。比如："刘易斯·卡罗尔的《爱丽丝梦游仙境》就是通过'自出版'大获成功的。"①

美国早期的自出版活动都以纸质书的形式出版作品，受技术条件和经济条件影响，早期自出版作品的印刷和排版都有着非常明显的手工业印记，很多书籍的封皮不够规范、字迹模糊、排版混乱，尽管这样，只要作品的内容被市场接受，从繁荣出版业市场的角度出发，美国早期的自出版为大众读物的丰富起到了积极的推动作用。

2007年以前的自出版，以纸质书自出版为主。因为按需印刷技术的发展和网络平台的建设，2007年之后的自出版是纸质书、电子书共同发展。2002年美国自出版公司 LuLu 成立，在能查询到的文献资料内，LuLu 是最早被提及的以自出版为主营业务的专业平台，在此之前的平台大多以按需印刷为主要业务，很多名人自出版图书，也只是在印刷环节自行参与而已。直至类似 LuLu 这样的专业自出版公司诞生，才在创作、编辑、复制等环节有了专业的自出版平台。2002年至2007年间，英国和美国相继推出 Blurb、CreateSpace 平台，都是纸质书自出版中较为有名的平

---

① 刘蒙之：《美国图书"自出版"模式的历史、现状与评价》，《燕山大学学报（哲学社会科学版）》2012年第13期。

台。Author Solutions 公司成立于 2007 年，该公司的平台可以同时实现纸质书、电子书的自出版业务，同年亚马逊也推出了第一款 kindle 电子阅读器，但这一时期的亚马逊只是推出了硬件设备，在内容生产的环节上还没有形成比较成熟的自出版体系。"因此从技术层面和市场选择两方面作为推测依据，2007 年可以作为电子书自出版的一个正式起始点。在此之后也推出了不少专注于电子书自出版的平台，如 Smashwords、kindle direct publish 等。"①

在 2008 年出现的自出版平台中，不能不提的是 Smashwords，因为这一平台在经营模式上与既有的自出版平台相比发生了一些明显的变化，就是通过销售分成和推荐编辑公司来运营，这一平台本身不提供前期的编辑加工、封面设计等出版服务。根据学者沙琪的研究："马克库克（Mark Coker）在 2008 年 5 月创立的 Smashwords 是最早的网络自出版平台，为作者提供免费的自出版软件，把 Word 转换成电子书文档，并让作者自己定价。"②该公司在成立后的七个月内仅仅销售了 140 本电子书，在成立一周年的时候，销售已经达到 1200 本，从一周年开始，该公司开始尝试采取分销合作的经营模式，即向其他零售商提供 30% 的佣金以换取电子书上架的空间，在其后的几个月时间内，相继有 5000 多本电子书登上了 Apple、Sony 和 Kobo 的电子书店货架，自此开始驶入了自出版电子书销售的快速增长轨道。"Smashwords 公司于 2010 年 9 月开始盈利，并始终保持微利润以便竞争，2012 年成为苹果最大的自出版图书供应商。"③

2008 年至 2010 年的两年间，多家网络出版平台在 Smashwords 这种

---

① 朱凤：《自助出版商业模式研究》，上海师范大学 2014 年硕士学位论文。
② 沙琪：《西方国家网络自出版平台发展》，《编辑学刊》2014 年第 2 期。
③ Colao. J. J. Smarshwords：《苹果最大电子书提供商》，http://www.forbeschina.com/review/201206/0017641.shtml.

全新的出版方式中看到了发展前景,开始尝试推出专业的独立自出版平台,并进行自出版多种经营模式的实践。2010年上半年,亚马逊推出了自出版平台DPT(后更名为KDP),巴诺书店(Barnes & Noble)也推出了Pubit平台。2012年6月,加拿大数字发行商Kobo公司推出了Kobo Writing Life(后被日本乐天公司购买)。在此之后的一段时间内,自出版的专业平台可谓风生水起,各显神通,自出版的图书种类也实现了跨越式的增长。根据Bowker公司的统计,在2013年自出版所用的ISBN已经超过了44万种,另外据专家估计,由于在Bowker的统计中缺少对无书号自出版物的统计,再加之其他形式的自出版读物,全球范围内实际上已经真正出版的自出版物的种类和数量要远远大于Bowker的统计。

二、中国自出版发展历程

中国自出版的发展可以概括为两个阶段:"第一阶段为中国式网络自出版,是中国网络自出版的自发阶段。第二阶段为网络自出版与国际接轨的自觉试水阶段。目前两种形式并存,第一阶段的各种特征仍在延续并可能长期存在。"[①]

第一阶段中国式自出版的特征是"自发"。所谓自发就是在网络中尽可能地发起网络原创作品的生产和传播。代表人物和代表作品很多,以台湾作家蔡智恒和他的网络作品《第一次亲密接触》为例,1998年台湾成功大学水利工程的助理教授蔡智恒在网络中以连载的形式,创作出网络文学作品《第一次亲密接触》,其描述了一段以网络论坛为联系中介的恋情。一时间在网络中引发文学爱好者和网友的关注,在各大网络文学网站中,此书都有陈列,在获得网络口碑之后,此书以纸质书的形式出版发

---

① 刘文欣:《中国网络自出版现象考察》,《编辑学刊》2013年第5期。

行。这种"自发"创作形式,吸引了很多原本不是作家的"作家",比如网名为"当年明月"的网络作家石悦,就是广东顺德海关的公务员,因为在博客中推出作品《明朝那些事儿》,一举收获了历史爱好者和文学爱好者的追拥。再如网络笔名为"小桥流水"的作家张兵,他的工作本是重庆市永川区市政局公务员,从 2006 年开始,他就在"起点中文网"上推出文学作品,结合他工作中的观察和思考,推出了作品《侯卫东官场笔记》,凭借此书他荣登中国作家富豪榜。由于这一时期的文学作品没有比较成熟的付费机制和更便携的阅读终端,大多是先以网络文学网站连载,在集聚作品名气和作者知名度以后,再以纸质书的形式借助传统出版社的渠道正式出版。

这种网络文学自出版的形式,也带火了大批网络文学网站和网络文学作家,比如"白云书屋""榕树下""黄金书屋"等。这一时期,"网络文学"逐渐生成的多种形式的付费阅读模式和较低的出版审查门槛为网络自出版与国际接轨打下了坚实的基础。"十年前(2002 年),当网络文学还纯粹以不收费的自由模式存在时,网络作家只能等待传统出版社相中作品而后签约发行出售;然而十年后,网络文学开始有了产业化的倾向,网络作家唐家三少、南派三叔等都采用了先在网上免费发布作品的小部分文字吸引读者,而后剩下的大部分内容则须付费阅读的经营策略。"[①]

第二阶段:与国际接轨的自出版。这一阶段的中国自出版特征是"自觉"。所谓自觉,是因为有网络平台觉察到这一出版模式的变革会带来巨大的商机。第一阶段自出版的"自发者"主要是以网络作家为主体,网络文学网站只是作为汇集作品和展示作品的平台,没有真正整合资源成为一条完整的产业链。第二阶段的"自觉者"主要是指网络文学平台、电商平台的经营者,意识到网络文学会带来巨大"注意力经济",这种"流量""关注""注意力""用户"等热词,似乎都与网络文学和出版有了直接的相

---

① 孟迷:《成功的为何偏偏是阿曼达?》,http://sztqb.sznews.com/html/2012-02/23/content_1937681.htm.

关性。自2011年9月1日盛大文学在北京国际图书博览会(BIBF)上举办了一场"中外自出版"论坛后,豆瓣网和盛大文学旗下的起点中文网、京东商城等先后开始了中国网络自出版的实践,这标志着中国与国际接轨的网络自出版开始试水。

经过近五年的发展,豆瓣、当当、时代出版、京东、盛大等公司在自出版领域相继作出创新之举,也推出了很多有影响力的网络作家和优质作品。以当当网的自出版模式为例:2015年当当网推出"自出版"平台,凭借其与出版社之间的合作关系,为大量作者提供更多的出书机会,以买断版权的形式与作者签约,截至2015年年底已有百位作者成功签约。

当前阶段,自出版与自媒体的融合、自出版与传统出版社的结合、自出版与电商平台的融合、自出版与学术出版的融合、自出版与多种文化产品的融合,正在不断萌发新形态。时下流行的"互联网+"说明了互联网与不同内容、渠道、平台的融合正在丰富和多元化。同样地,套用这种构词方式,可以说,我国乃至世界的出版业正在经历一场"自出版+"的大变革。

三、自出版产业链的演变

自出版的产业链演变要追溯到传统出版产业链到数字出版产业链的转变,传统出版产业链构成是典型的"编印发",由于出版社掌握着大量的内容资源和编辑团队,传统出版产业链的主导者角色无可争议地由传统出版社扮演。而数字出版则不同,这一产业链包括了内容创作者、内容提供者、数字出版商、技术开发商、阅读终端商、网络运营商、消费者等,在经过多年的数字转型探索后,国内的数字出版产业链也已相对成熟。"我国网络文学用户规模为2.94亿,网络文学使用率为45.3%,有近乎一半的网民会有阅读行为,加之网络文学出现以来,以其低门槛和内容的非传统性,迅速获得了广大网民的认同并蓬勃发展,目前已经有了一条相对成熟的产业链。"①

从出版技术的使用角度看,自出版也应用了网络技术、网络平台、移动终端等,严格意义上说是属于数字出版产业链的一种。但是,自出版的产业链构成似乎并没有一般意义上的数字出版那样复杂。从国外的亚马逊(KDP)、KWL,再到国内的豆瓣和当当等平台,自出版已经将一般形式的数字出版产业链重构成为"作者—自出版平台—读者"。在这一产业链中,笔者认为主导环节是"作者",尽管从目前自出版发展现状看,自出版平台具有极大的话语权,但是从自出版产业链价值增值环节看,作者占据绝对内容创作权的环节,而从平台的主导权转移到作者这个过程,正是目前世界各国自出版模式出现各种问题的原因,产业链主导权的让渡和争取,必定会产生冲突和妥协、徘徊和突进。

纵观欧美国家的自出版产业链发展进程,自出版产业链的主要矛盾的实质是作为内容生产者的作者与平台运营商之间的不断博弈过程,两者间让渡权力和争取权力的形式,成为了自出版呈现出来的所谓"创新形式",而自出版作品的读者,只是作为整条产业链整合过程的受益者。简言之:欧美国家的平台运营商只是提供了一个类似"淘宝"的平台,而作者是在这个平台中开"网店"的店主,这个平台的运营主要依靠的是"网店",而并非各类作品。

笔者认为在自出版产业链的演变过程中,无论是西方自出版"平台话语权独大"的形式,还是目前国内作家富豪群起的态势,都是一种阶段性的特征,都是一种产业链深度整合的过程性标志,其实质是自出版平台与作家间的权力博弈过程。纯粹的自出版产业链是作者作为绝对的主导者,而自出版产业发展的现实是:一些没有管理能力的作者或者自出版作

---

① 《第35次中国互联网络发展状况统计报告》,中国互联网络信息中心(CNNIC)2015年2月3日发布。

者新手,并没有获得足够的权力,正是这部分需要自出版平台提供服务空间的作者,使自出版产业链呈现出丰富性。例如,有作者主导的个人自出版网站,还有依靠专业编辑队伍的自出版平台,在相当长的时间内,自出版产业链这种动态而又复杂的整合模式,将长期存在。

在明晰自出版产业链分类的基础上,再对自出版产业链内部的价值链做剖析,可以发现大数据时代的自出版价值链已经发生了巨大的变化。张弛和钟瑛在《基于大数据的出版价值链2+++构造探究》一文中,揭示了此变化:"传统的出版产业价值链主要是线性构造,在大数据时代,基于大数据的出版价值链是立体的、多元的、网状构造。出版业不仅能通过出版图书获利,还可以通过出版数字化产品获利;不仅可以通过出版实物产品获利,还可以通过出版虚拟出版物获利;不仅可以通过出版内容获利,还可以通过出版数据获利;不仅可以通过提供产品获利,还可以通过提供服务获利;不仅可以通过实体书店获利,还可以通过电商获利;不仅可以通过线下获利,还可以通过线上获利。这种立体、多元、网状的价值链可以尝试用2+++模型来概括,即2种介质(纸介质+光电介质)、2种资源(内容资源+数据资源)、2种服务(产品服务+体验服务)。这种2+++构造改变了出版产业的盈利模式,拓展了出版产业的价值链和价值版图。"①

上述文字十分复杂,但笔者认为其核心要义十分简单,可以直接用来解释自出版为什么不能离开专业平台,仅凭借作者和网络空间实现真正意义上的从作者到读者的"完美自出版",就是因为作者需要网络自出版平台来实现更多的盈利。自出版的产业链要素发生了变化,是因为作者的分工产生了变化,作者从传统出版社负责的环节中接管了编辑和部分设计的工作,使作者在价值链中可以创造更多价值。另外,需要注意的

---

① 张弛,钟瑛,《基于大数据的出版价值链2~(+++)构造探究》,《出版科学》2015年第1期。

是,自出版虽然在某种程度上绕过了传统出版社,但是并不等于绕过传统的出版资源,在某些自出版模式中,传统出版与自出版以更新的合作模式融合发展,自出版的发展没有离开传统出版,反而以另外的形式合作,形成了一种"共生"的模式。换言之,自出版的内容提供者改写了数字出版价值链各环节的权重,但是并未改变数字出版的构成要素。

第 2 章 美国自出版现状、特征、优势及问题

本章以 Bowker《美国自出版报告》的数据统计为基准,总体呈现美国自出版发展现状,然后再以 CreateSpace、Smashwords、Lulu Enterprises Inc、ASI 为自出版典型模式,全面梳理其操作模式、定价、营销等基本情况。总结其发展特征为作者从被动选择到主动参与;自出版平台运营商从群雄逐鹿到垄断经营;自出版作品的内容从多样化到类型化;自出版的增值环节是围绕作者需求提供服务。基于对模式和特征的分析,提出美国自出版的优势在于自出版使书籍出版周期大大缩短;作者具有作品出版的主导权力;读者与作者的读写互动吸引大量网络读者;严密的数字出版法律制度提供了完善的保护体系;政府机构与非政府机构联合运行的管理模式。问题主要集中在三个方面:自出版作家群体中,有相当比例的作家收入偏低;自出版作品内容和题材过于集中;低俗内容泛滥,自出版成人小说市场份额逐年上升。

第一节 美国自出版发展现状

美国的自出版市场份额一直没有准确的统计,但从《2015

全球电子书报告》的相关数据可见一斑:"美国2014年成人大众电子书市场同比增长4.7%,达到15.82亿美元,占据了成人大众图书市场的27.2%。但近5年来,其增长率从2009年的366%一直下降到2013年的-0.7%,2014年回升到4.7%。其中,亚马逊占据67%的市场份额。自出版市场是电子书的重要类别。美国的自出版市场已经达到1.8亿美元,占据约11%的电子书市场。除了亚马逊等国际巨头,越来越多的本地出版商开始提供自出版服务。"①另外2016年2月《作者收益报告》数据(报告抓取的是亚马逊网站某一天的销售数据)显示:"读者把钱花在亚马逊网站五大出版商的电子书的比例为40%,24%花给了中小出版商,23%花给了自出版作者。"②从数据可以看出,在亚马逊日常的销售中,有接近四分之一的电子书收入来自于自出版作品。美国自出版电子书的占有率,虽然没有像媒体渲染的那样——占据了电子书的"半壁江山",但是可以看出自出版电子书已经蓄势待发,正在跃跃欲试——与五大出版商在电子书市场中"平分秋色"。

从2008年至2014年,美国自出版作品种类增长十分迅速。根据Bowker公司③2014年发布的美国自出版发展报告(2008—2013)的调查结果,近五年美国的自出版保持了稳健的发展速度,与2008—2013年的调查结果相比,美国自出版在2006—2011年的发展速度可以用"爆发式"来形容。(Bowker公司的美国自出版发展报告是从2011年开始的,每年发布,2014年发布的是最新一期,主要数据收集截至2014年7月。截至2015年年末,尚未发布最新报告。)根据自出版书号统计数据和其他相关数据,自出版现状可以描述为以下几点:

---

① 梅园:《2015全球电子书报告显示市场份额持续增加》,http://www.ydbook.com/qikan/bkview.asp?bkid=259654&cid=772826.
② 令嘉:《为什么自出版越战越勇,英美自出版却入平台期》,http://toutiao.com/i6252792895380652545/.
③ 鲍克(Bowker)公司是负责经营美国和澳大利亚国际标准书号(ISBN)的官方机构。

一、自出版市场份额持续扩大，书号种类的增速渐趋平稳。根据休豪伊 2016 年 2 月发布的《作者收益报告》中的数据："在过去的 23 个月中，无论是电子书的销量还是市场份额，世界五大出版商（阿歇特出版集团 achette Book Group、哈珀柯林斯 HarperCollins、麦克米伦 Macmillan、企鹅兰登书屋 Penguin Random House、西蒙舒斯特 Simon & Schuster）都严重下滑，而作者自出版板块却大幅上升，亚马逊出版品牌的电子书也在上升。自出版阵营作为一种整合力量，仅次于五大出版商。"[①] 根据 2014 年版美国自出版报告，2013 年美国自出版书目种数超过 458 564，这比 2012 年增长了 17%，比 2008 年增长了 437%。其中，自出版纸质书比 2012 年增长 29%，这与美国自出版发展初期呈现爆炸式的速度相比，增长速度逐渐趋于稳定。

二、自出版电子书前期迅猛增长，但是从 2013 年后已进入增长的平台期。从自出版总数看，电子书的自出版总数还是呈现出迅猛增长的态势。2008—2013 年美国自出版的纸质书和电子书的出版书号总数（ISBN Output）从 2008 年的 85 468 个增长到 2013 年的 458 564 个，五年间增长 436.53%。其中电子书的增量惊人，2008 年的出版书号是 8 336 个，到了 2013 年已经增至 155 942 个，五年增幅高达 1 770.71%。纸质书自出版种类虽然一直在增加，但是增速不及电子书，2008 年自出版纸质书的出版书号是 77 132 个，2013 年增至 302 622 个，五年增幅为 292.34%。从 2013 年之前自出版书号总的增速来分析，电子书的增速明显高于纸质书。但是，2013 年发生了节点式的变化：2013 年自出版总增长率为 17%，自出版纸质书增长 29%，也就是说自出版电子书的增长速率低于 17%，自出版电子书并没有保持当初迅猛的增长势头。

三、自出版的格局也呈现出垄断的态势。美国自出版的市场格局划

---

① 令嘉：《为什么自出版越战越勇，英美自出版却入平台期》，http://toutiao.com/i6252792895380652545/.

分明显,从电子书和纸质书出版书号总数看,前五家企业分别是:CreateSpace、Smashwords、Lulu Enterprises Inc、Xlibris(Div. of Author Solutions)、AuthorHouse(Div. of Author Solutions)。(关于书号的详细统计数据见附录一和附录二)

从纸质书的自出版书号总数看,前五家企业分别是:CreateSpace、Lulu Enterprises Inc、Xlibris(Div. of Author Solutions)、AuthorHouse(Div. of Author Solutions)、iUniverse (Div. of Author Solutions)。

从电子书的自出版书号总数看,前五家企业分别是:Smashwords、Lulu Enterprises Inc、Xlibris(Div. of Author Solutions)、AuthorHouse(Div. of Author Solutions)、BookBaby。

从全美自出版发展现状看,美国自出版发展速度惊人。对比 Bowker 在 2012 年发布的美国自出版统计数据(2006—2011 年),2014 年发布结果(2008—2013 年)依然呈现垄断趋势。2011 年,Smashwords 占据了自出版电子书市场 47% 的份额。美国的自出版业从 2006 年至 2011 年增长达 74%,而隶属于亚马逊这个大平台的 CreateSpace 更是在 5 年内取得了 1702% 的增长。

从全美自出版的市场份额分布看,垄断格局明显。对于 2011 年的迅猛发展,全美自出版书目种类整体增速平稳。对于排名前五的自出版企业而言,垄断趋势已经十分明显。2013 年有 186 926 种书通过 CreateSpace 平台发行,这占据全美自出版市场的 40.76%。位居出版发行书目数量第二的是 Smashwords,发行 85 500 种,相对于 2008 年的 65 种,Smashwords 增速最快,2013 年相对 2008 年的增幅为 131 438.46%,2013 年发行自出版书目种数占全美市场 18.65%。排名第三位的是 Lulu Enterprises Inc,发行自出版书目 74 787 种,占据全美市场的 16.3%。这意味着排名前三位的自出版企业已经占据整个自出版市场的 75%。从自出版纸质书的种类数量分析,2013 年,全美自出版平台发行纸质书种数最多的是 CreateSpace,数量为 186 926 种,也就是说 2013 年通过该平台发行的自出版图书已经全部成为纸质书出版,可谓一枝独大,这占据全国自出版纸质书市场的 61.77%,位居第二的 Lulu Enterprises Inc 仅有 40 895 种,占全国市场的 1.35%,CreateSpace 的垄断态势非常明显。2013 年自出版电子书最多的是 Smashwords,有 85 500 种,占据全美自出版电子书市场的 54.83%,位居第二的是 Lulu Enterprises Inc,出版电子书 33 892 种,占全美市场的 21.73%。前两家已占据市场份额的 75%,垄断格局也是十分明显。①

来源:*Self-Publishing in the United States*,2008—2013

图 2.1　美国自出版电子书和纸质书书号统计(2008—2013)

来源:*Self-Publishing in the United States*,2008—2013

图 2.2　美国自出版纸质书书号统计(2008—2013)

---

① *Self-Publishing in the United States*,2006—2011,Print and Ebook. Prepare by Bowker.

Bowker.
a ProQuest affiliate

ISBN Output for USA Self-Publishers, 2008-2013
Total ebooks
Source: Bowker Books In Print® database

NAME	2008	2009	2010	2011	2012	2013	increase 2012-13	%increase 2012-13	increase 2008-13	%increase 2008-2013
Smashwords *	65	2,290	11,787	40,614	90,252	85,500	-4,752	-5.27%	85,435	131438.46%
Lulu Enterprises Inc. **	1	2	8,597	12,544	30,061	33,892	3,831	12.74%	33,891	3389100.00%
Xlibris (Div. of Author Solutions)	1,433	2,404	6,005	6,137	4,365	4,671	306	7.01%	3,238	225.96%
AuthorHouse (Div. of Author Solutions)	3,314	4,424	2,908	6,288	5,121	4,337	-784	-15.31%	1,023	30.87%
BookBaby	49	90	197	1,286	2,376	2,510	134	5.64%	2,461	5022.45%
Blurb, Inc.	16	36	51	264	2,091	2,090	-1	-0.05%	2,074	12962.50%
Booktango (Div. of Author Solutions)	0	0	0	0	1,653	1,557	-96	-5.81%	1,557	n/a
Trafford (Div. of Author Solutions)	325	804	844	1,311	1,795	1,537	-258	-14.37%	1,212	372.92%

来源：*Self-Publishing in the United States*，2008—2013

图 2.3 美国自出版电子书书号统计（2008—2013）

综合以上对美国自出版发展现状的分析，笔者认为选取市场占有率排名靠前的 CreateSpace、Smashwords、Lulu Enterprises Inc、ASI 作为样本分析，具有典型意义和研究价值。

第二节 美国自出版发展特征

一、美国自出版典型经营模式

自出版已经成为美国出版产业的一部分，2014 年美国成人大众电子书市场规模达 15.82 亿美元，其中自出版电子书市场已经达到 1.8 亿美元。[1] 根据行业媒体观察者的分析，在这些自出版市场中，较为成功和典型的经营模式可以分为三类[2]：

第一类以亚马逊的 KDP 为代表，以提供付费的出版服务为主要经营

---

[1] 梅园：《2015 全球电子书报告显示市场份额持续增加》，http://www.ydbook.com/qikan/bkview.asp？bkid=259654&cid=772826.
[2] 渠竞帆：《自助出版热能否热长久？》，《中国图书商报》2012 年 10 月 12 日。

模式。KDP 的出版服务包括拷贝编辑和转换格式等项目，一般的拷贝编辑收费能够达到 120 美元一本书，从一般的文本格式转换为 kindle 格式，需要 70 美元左右的价格。作者可以选定作品价格，从 0.99 美元到 9.99 美元不等，作者的收益也从 35％到 70％不等，从 KDP 的模式看，作者收益并没有像媒体报道的那样高，例如 0.99 美元的作品，作者只能收入售价的 35％。作者若有对作品更高的内容编辑、封面设计、内页设计、促销渠道、宣传支持服务等需求，最高需支付每本书 4 853 美元的费用。与亚马逊的 KDP 具有相似的经营模式的自出版平台还有 ASI(Author Solutions)、Lulu 等。ASI 年收入的 67％都来自于为作者提供出版服务及营销服务，而 Lulu 网站在创始之初以纸质出版为主营业务，2009 年开始才涉足电子书业务。与亚马逊的分类分成模式有很大不同，Lulu 网站的分成比例更倾向于作者收益，作者每售出一本印刷版自出版类图书，作者在扣除网站的制作费用后，还将获得 80％的分成。另外，Lulu 平台的编辑费用是按照作品的整体版本字数进行收费的，例如 7500 字以上的作品编辑费用为 450 美元，相应的封面设计费用为 130 美元，若需要网站提供内容编辑、装帧设计、版式创作等多个环节的服务，总费用会接近每本书 5 000美元。

  第二类是以发行电子书为主要业务的平台模式。以 Smashwords 为代表，此类模式的核心是通过本网站的自出版图书销售和向其他大型在线图书销售平台推荐图书获得利润。此类网站与第一类平台不同的是，这类不提供自出版的编辑等服务。他们向作者推荐其他专业的编辑团队、设计公司来完成作品的全部制作过程。Smashwords 成立于 2008 年，在 2010 年后逐渐实现盈利，发展速度十分迅猛。其核心原因就是通过多方努力建立的"多平台发行业务"，这项业务在 2009 年即被设立和运营，以与苹果公司的合作为例，Smashwords 通过苹果的 iBookstore 平台销售电子书。尽管两者的合作并不是一开始就十分顺利，在电子书的定价等问题上还存有争议,但随着 Smashwords 提供的电子书质量和种类的不断完善,合作日益密切。最终 Smashwords 与亚马逊达成协议,通过亚马逊的 Kindle 销售自出版电子书。

在版税分成比例上,各网站有所差异。"平台中售出一本书,在扣除网站手续费后,大概与作者按 15% 和 85% 的比例分成;如果是经过 Smashwords 的渠道在第三方网站售出,作者、零售商和 Smashwords 分别获得 60%、30% 和 10% 的收入。苹果的电子书平台给作者 70% 的分成,巴诺给作者 65% 的分成,谷歌的商店给自出版作者 52% 的分成。"[①]

第三类是依靠广告获得收入的自出版平台。这类网站如 2006 年成立的 Wattpad,主要是面向智能手机用户的作者社区平台。与前两类模式相似,作者在编辑完电子书后,上传完成全部环节。此平台的文学创作是以"章"作为基本的创作单元,除了免费为注册作者提供基本的创作软件工具以外,该平台还规定了作品发布次数和发布数量,即每次发布必须是"一整章"内容。这种类似于饥饿营销的方式,培养了大量的年轻读者,依靠作者社区平台的快速成长和读者数量的快速积累,该平台分别在 2011 年和 2012 年取得巨额融资,分别为 350 万美元和 1 730 万美元。目前,该平台的活跃用户已经超过了 4 000 万,有 85% 的流量来自于移动终端,并且在菲律宾等海外市场取得了不错的业绩。

综合分析这三种平台,可以发现其盈利模式基本可以归为三类:第一类是依靠编辑服务收费盈利,可以从上述的介绍发现,编辑费用的收费标准并不低,一本书的编辑费用从 120 美元到 5 000 美元不等,此类平台有 KDP、ASI、LuLu;第二类是依靠发行渠道和发行服务盈利,比较典型的就是 Smarshwords;第三类就是依靠平台广告费用实现盈利,以 Wattpad 最为典型。

---

① 渠竞帆:《自助出版热能否热长久?》,《中国图书商报》2012 年 10 月 12 日。

二、美国专业自出版的平台操作模式

从市场选择看,无论按照何种标准来划分自出版模式,市场占有率和生产效率都是衡量该模式生产力的主要指标。根据 Bowker 公司的自出版书号使用情况排名,分析自出版市场中占有率排名靠前的四家企业最具代表意义,这四家企业分别为:CreateSpace、Smashwords、Lulu Enterprises Inc、ASI 。

(一)CreateSpace

亚马逊旗下的 CreateSpace(见图 2.4)主要从事纸质书自出版,CreateSpace 是亚马逊旗下公司,经过收购 BookSurge 和 CustomFlix 两大平台,CreateSpace 目前专门致力于自出版业务。

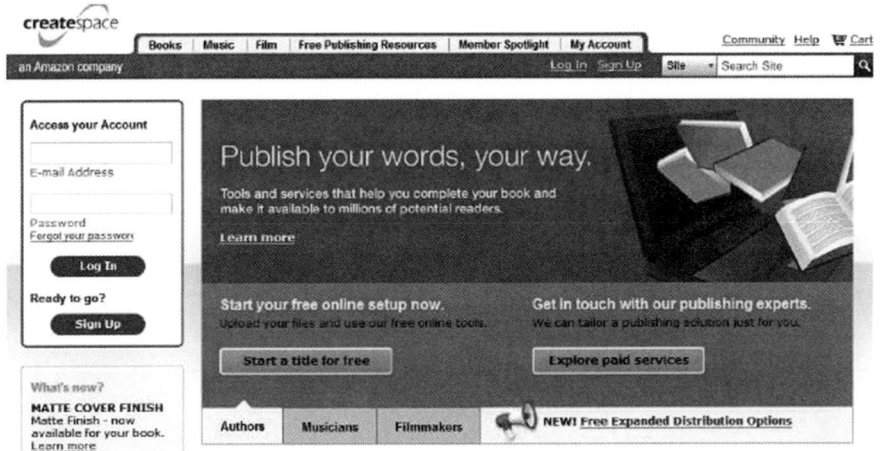

图 2.4 CreateSpace 平台页面 2

作者首先要完成在 CreateSpace 平台的注册,注册之后,作者会自动建立起一个属于个人的新的出版项目(图 2.5 为 CreateSpace 建立新项目的页面),而后依照页面提示,依次完成各项流程。

48 ◇ 自出版管理问题研究

图 2.5 CreateSpace 新项目页面

1. 完善图书基本信息(见图 2.6)。作者需要填写书名,选择出版的格式,有纸质版、CD、MP3、DVD、音频或者视频,以及作者名字、作品关键词等信息。(笔者在尝试此平台时用 *a big dog* 作为书籍名称,尝试登录

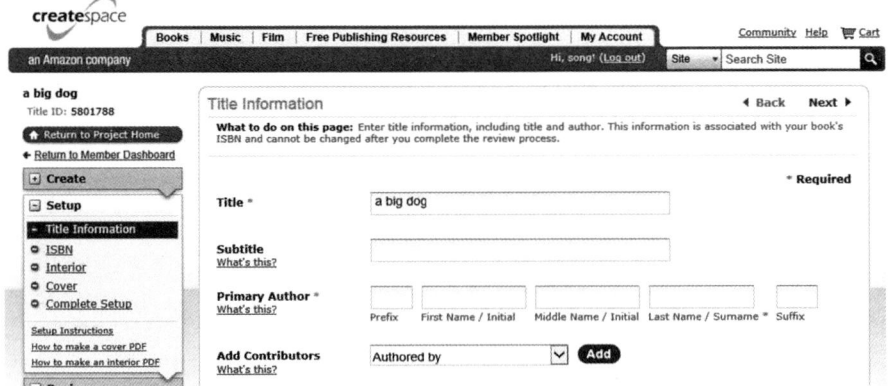

图 2.6 CreateSpace 标题信息页面

和填写信息。)在页面左上角,登录者可以看到 Title ID 5801788,此号码是创建作者自出版项目的唯一标示符。

2. 书号的申请(见图 2.7、图 2.8)。在此平台中,作者输入书名和作者基本信息之后,会被自动授予书号。作者的书号使用有两种情况,一是作者已有书号,可以直接使用,填入准确书号,即可生成作品信息;二是平台会给每个作品自动申请书号,这一过程也是免费的。由于世界各国的书号管理机构不同,每个地区的书号代理机构也不同,比如世界标准书号的总管机构是德国的柏林国立普鲁士文化遗产博物馆,英国的书号管理则由惠特克公司管理,美国则是由鲍克(Bowker)公司提供 ISBN 号的售卖服务,通常一个书号的售价是 125 美元,如果购买数量大,还可以打折优惠。

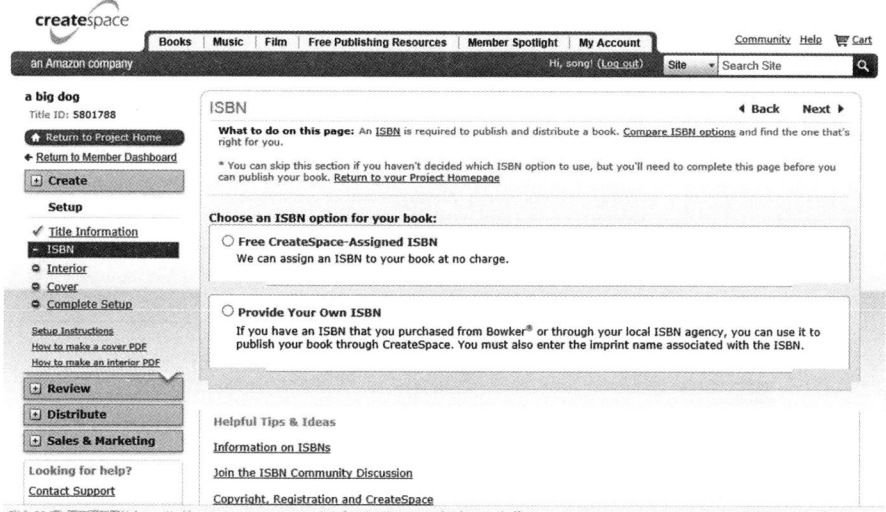

图 2.7 CreateSpace 的书号信息页面

在图 2.7 左上角可以看到:作品信息一旦被记录,会自动分配书号,整个过程几乎是即时完成,笔者填写作品被分配的书号是 978-1518617799,网站会提醒作者系统分配到的书号不可更改。《经济学人》

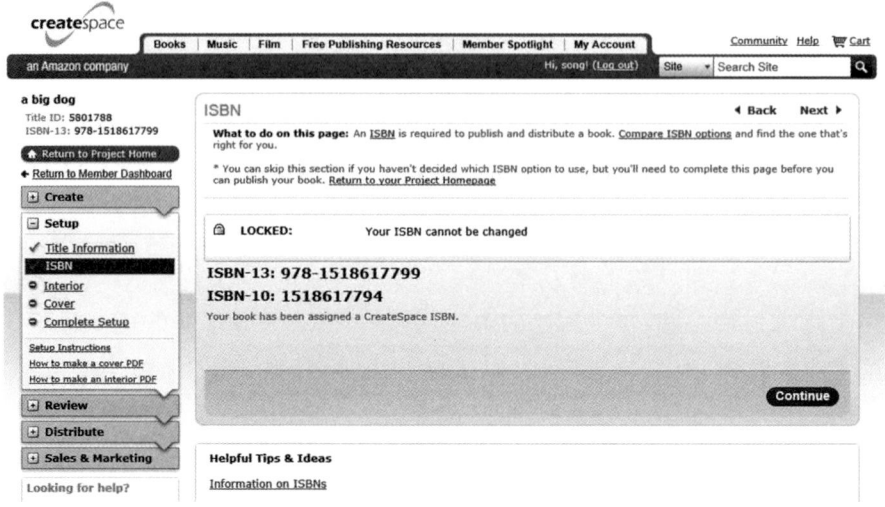

图 2.8　CreateSpace 的 ISBN 号申请页面

杂志曾对数字时代的书号使用提出质疑:"ISBN 是英美等国图书进入主流图书市场必不可少的许可证,但其售价昂贵,日益对新成立的、小型的、独立的出版机构造成阻碍;且自出版日益普及,2011 年数字自出版增长了 129%,出版者、分销者和零售者之间的界限变得模糊,ISBN 号变得可有可无。"①

　　从 CreateSpace 的自出版平台中还是能够看出,美国专业自出版平台对于 ISBN 还是比较看重的,在注册过作者必要信息之后,平台还是要求作者填写书号。另外,美国自出版的书号是由自出版平台从书号代理商 Bowker 公司打包购买,价格不高。在自出版平台上,免费给作者书号并不会给平台的经营带来过大的负担。但是,可以从中看出,作品上传之前,在没有进行内容审核之前,就会被自动分配书号,这也难免造成自出

---

① The Economist. *ISBN numbers:Book-keeping*, http://www.economist.com/news/international/21572751—digitalpublishing—may—doom—yet—another—analogue—standard—book—keeping.

版作品内容质量良莠不齐的现象。

Bowker 公司的标识符产品经理劳伦·道森认为:"在数字化时代,图书编码变得更加重要。用户可以搜索书名和作者,但如果没有相应的编码区别,用户怎么知道这是一份 PDF 文档,还是 EPUB;精装本还是平装本?ISBN 是这些格式的简写形式,没有它,搜索将变得非常模糊。"

3. 内文选择(见图 2.9)。内文的选择项目包括图书内文的版式选择、纸张颜色、内文版心的尺寸等。CreateSpace 支持 pdf、doc、rtf 等多种原文本格式,平台具有自行调整格式的功能,可以将作者的文档转换格式后上传。

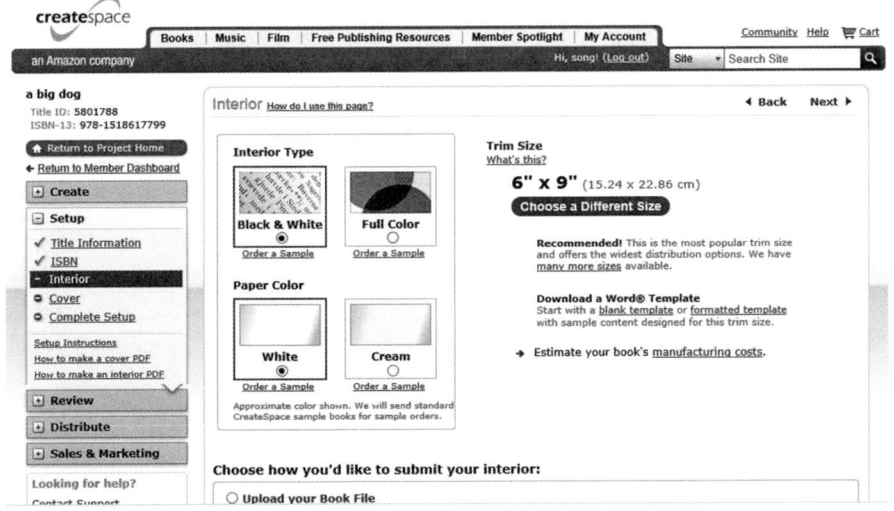

图 2.9　CreateSpace 的内文格式的选择和内文上传页面

4. 封面编辑(见图 2.10)。CreateSpace 平台会提供较为简易的封面模板,其中会设置自由编辑的区块。平台支持在线上传封面,另外平台提供专业的页面编辑,此项目是收费的。从图 2.10 中可以看到,作者可以选择封面的风格,有"亚光"和"光滑"等自动生成的封面风格。

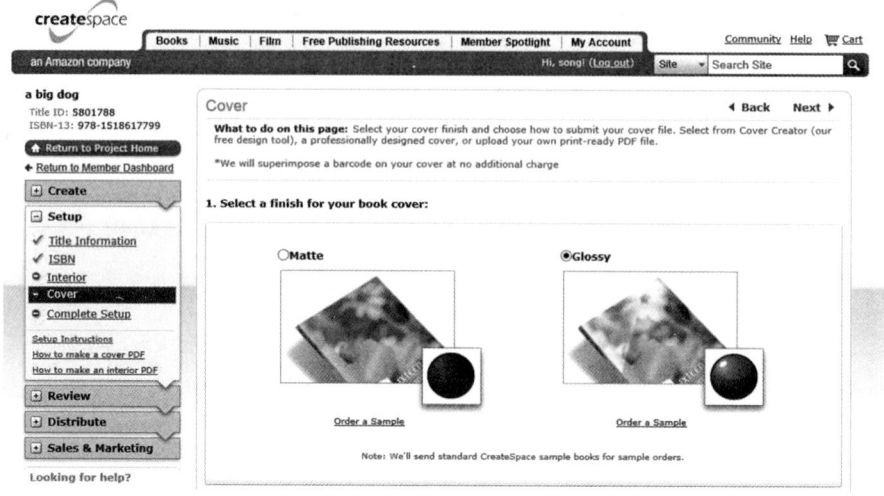

图 2.10　CreateSpace 的免费封面模版页面

5. 整体确认（见图 2.11）。完成以上所有信息后，可以在页面中看到作者所填的书名、纸张内文版式选择、封面样板等信息，经作者确认无误后可以确认页面进行保存。

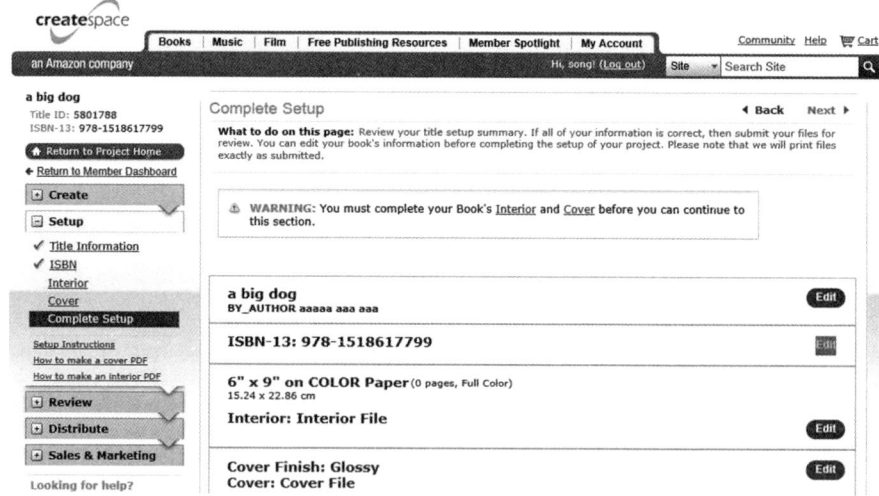

图 2.11　CreateSpace 的确认完成设置页面

6. 发行渠道选择。CreateSpace 的发行渠道主要是亚马逊官网和该平台的 eStore。另外还有线上的其他书店和零售商、代理商、图书馆和学术机构。"诸多的发行渠道是 CreateSpace 平台所呈现的平台价值,这些渠道能够有效帮助作者使其图书获得更多的销售机会。如若作者个人去开拓这些发行渠道相对困难,而自出版平台去拓展发行渠道就相对容易。"①

7. 自出版图书的定价(见图 2.12)。定价是由作者决定的,但是因为纸质图书存在印制成本和销售成本,平台会自动设置一些作品的最低定价标准。CreateSpace 平台根据作者之前对图书的设置,选择对应的最低定价。CreateSpace 平台的销售渠道广泛,一旦自出版作品上架,会在美国和其他国家的亚马逊自出版平台中同时上架,还会根据国别改变币种。

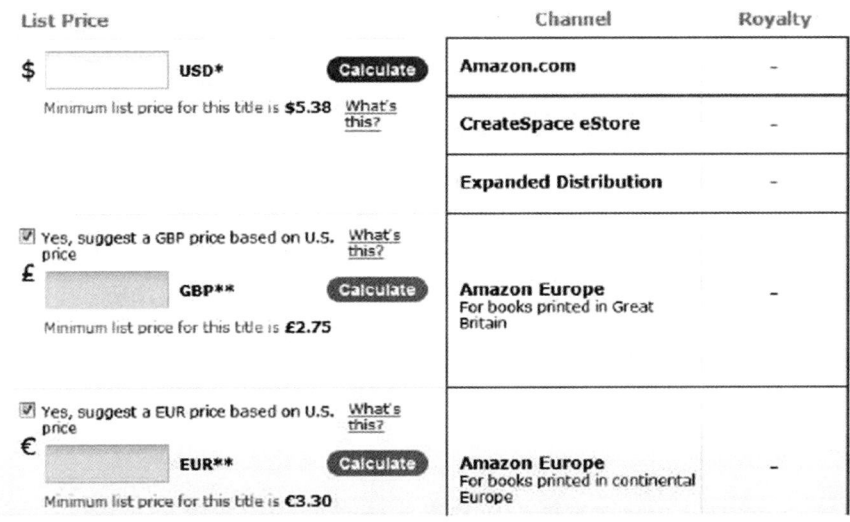

图 2.12 CreateSpace 的定价页面

---

① 朱凤:《自助出版商业模式研究》,上海师范大学 2014 年硕士学位论文。

8.作品内容简介(见图 2.13)。自出版图书的搜索索引是以名称和内容作为定位的,所以作者要简要描述作品内容,比如故事梗概、关键词、关键人物等信息。

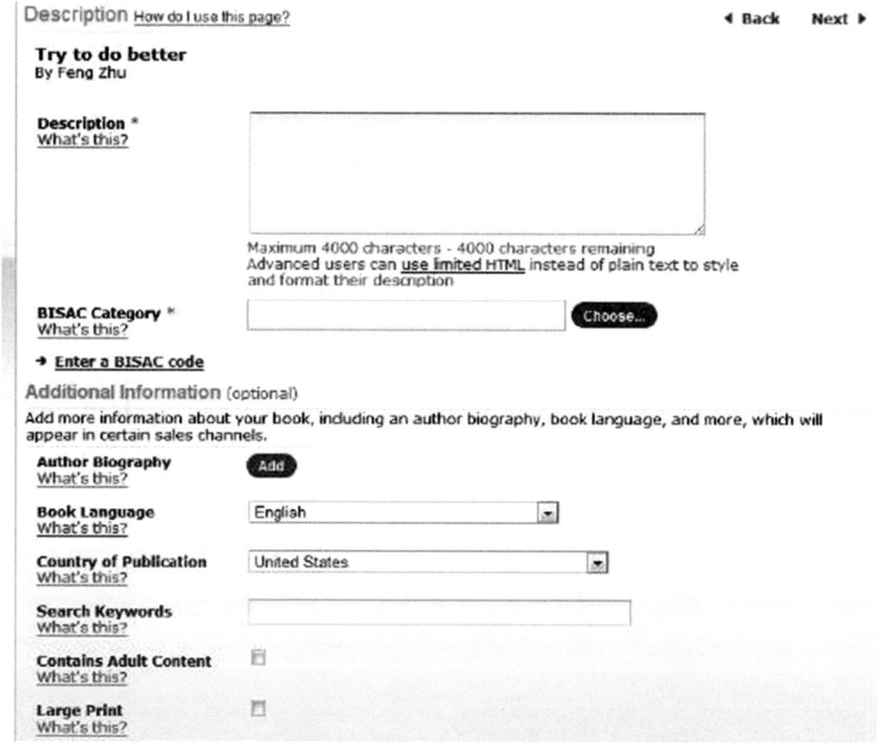

图 2.13 CreateSpace 的图书描述页面

9.样书预订。这一环节的主要目的是让作者在第一时间了解到作品的整体效果,并在图书销售的第一时间得到信息反馈(见图 2.14)。在 CreateSpace 平台上,作者根据销售报告获得的分成收益会在隔月获得;在其他销售渠道获得的收益获取时间则根据其他平台的设置,一般是销售金额到账后的两个月内。作者想要提取收益必须满足最低收益标准,即在作者账户中的累积金额需要达到 10 美元(10 英镑或 10 欧元),通过支票或汇款方式取得的收益,则需满足 100 美元(100 欧元、100 英镑)才能提现。

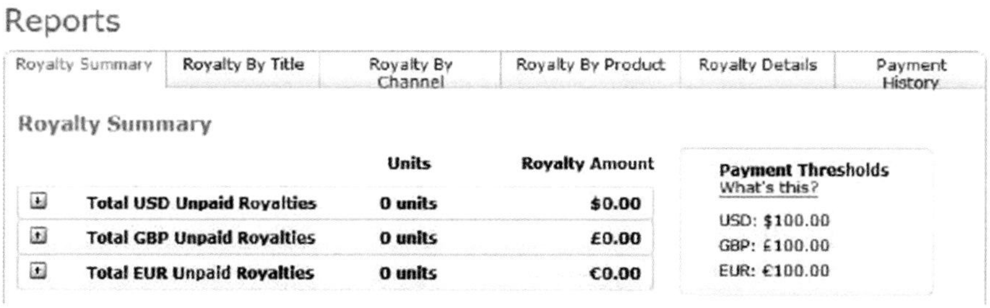

图 2.14　CreateSpace 的作者收益报表页面

（二）Smashwords

2008 年 5 月马克·库克（Mark Coker）创立 Smashwords。创办这一网站是因为库克的爱人创作的作品屡次被出版社拒绝，库克"一怒之下"创办了这家网站，以便让更多有商业潜力的作品能够更快面市。目前全球已经有超过 7 万的自出版作者（Indie Authors）、小型出版商和文学代理商通过 Smashwords 出版和销售电子书。Smashwords 平台的操作模式如下：

1. 创立新作品（见图 2.15）。其中包含三个模块：

第一，填写作品名称。

第二，选择出版时间。作者可以选择在作品完成后，立即在本平台销售。还可以选择预售。作者可以自行设置销售时间，同步在苹果、巴诺和 Kobo 等电子书零售商平台进行预售。预售的最大优势是作者可以利用社交网络为作品的诞生"造势"，预售期内作品的一切销售数字会被计入各类作品相应的销售排行榜。而且在预售期内，作者可以随时修改、补充、完善作品。由作者自行选择作品出版时间节点是 Smashwords 自出版平台的创新之举，既可以积累读者又可以为作者留有较大的自由度。

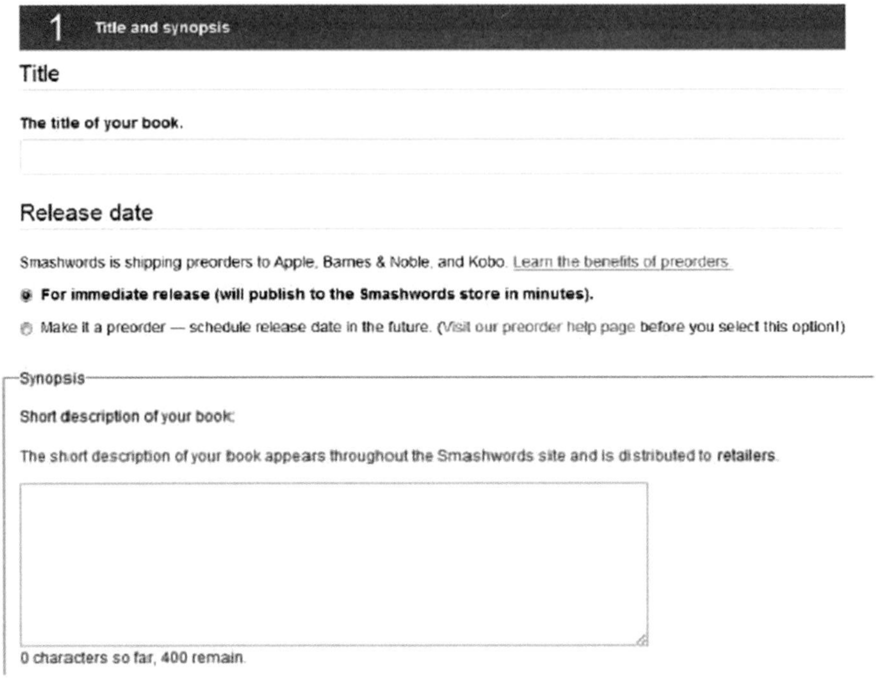

图 2.15　Smashwords 平台新项目创建步骤

第三,填写作品的内容简介。与 Createspace 相似,"Smashwords 在 2009 年正式推出了进阶发行方案(Premium Catalog),符合格式要求的作品能够自动加入该方案。方案的核心是 Smashwords 将作者的电子书发送给大部分的在线零售商,如苹果的 iBookstore、Barnes & Noble、Sony、Kobo、Flipkart、Diesel eBook Store、Baker & Taylor 等。"[1]

2. 确定作品价格(见图 2.16)。Smashwords 有三种定价机制:

第一种是完全免费。

第二种是让读者设置价格,即作者把定价权交给读者。这种定价方式会影响作品的销售渠道,比如巴诺书店不接受由读者定价的图书,这就

---

[1] 朱凤:《自助出版商业模式研究》,上海师范大学 2014 硕士学位论文。

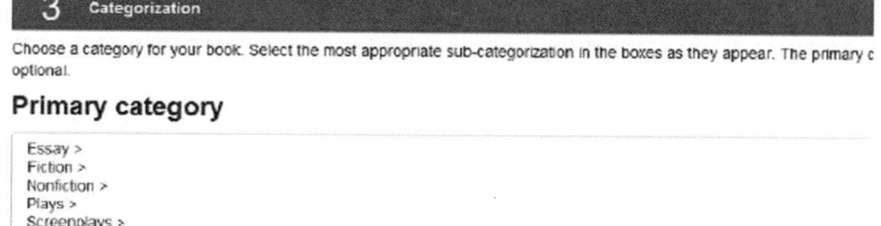

图 2.16　Smashwords 平台决定定价与试读步骤

存在一种风险,即存在被某些渠道拒绝的风险。

第三种是作者自行定价。只要是在 0.99 美元以上,系统都会接受。

完成定价环节后,作者还可以决定是否开启试读功能,试读部分的比例也由作者全权掌握。

3.填写分类(见图 2.17)。分类的目的是方便读者查找作品,作品会被存放在分类后的虚拟货架中。

图 2.17　Smashwords 平台填写分类步骤

4.关键词设置(见图 2.18)。这种关键词设置类似于学术论文的关键词功能,关键词的设置包括了人物角色、故事种类等。"作者需要利用

Folksonomy(分众分类)为自己争取到更多的读者。Folksonomy(分众分类)是由网络信息用户自发为某类信息定义一组标签进行描述,使用频率最高的标签会作为该类信息的最终分类。即作者在确定关键词时,可以参照其他作者频繁使用的标签来为自己添加一个分众分类的标签,目的就是增加被搜索到的概率。"[1]

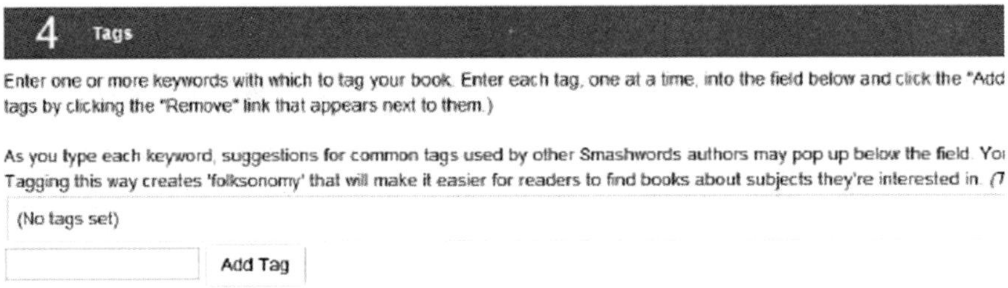

图 2.18　Smashwords 平台填写标签步骤

5.转换格式(见图 2.19)。如果作者上传的文本是 word 格式,则 Smashwords 平台可以帮助作者制作成多种不同格式的电子书。因为不同的电子阅读设备所支持的文本格式可能存在差异,所以尽可能转换成多种格式的文本是为了适应市场的需要。

6.封面设置(见图 2.20)。封面设置与 CreatSpace 不同,是需要自己准备好成型的封面并完成上传。

7.作品内文上传(见图 2.21)。作者可以 word 或者 epub 格式上传作品。

8.确认环节(见图 2.22)。确认环节之后,作者的作品销售情况会在平台中一览无余,每销售一本书,作者的账户就会即时发生变动。

---

[1]　朱凤:《自助出版商业模式研究》,上海师范大学 2014 年硕士学位论文。

图 2.19　Smashwords 平台电子书格式选择步骤

图 2.20　Smashwords 平台上传封面步骤

图 2.21　Smashwords 平台上传文本步骤

图 2.22　Smashwords 平台确认出版步骤

(三)Lulu Enterprises Inc

自从 2002 年引入自出版,Lulu 已授权在超过 225 个国家和地区的创作者制作了近 200 万的出版物。该平台可用六种语言(英语、法语、西班牙语、德语、意大利语和荷兰语)进行自出版活动。

1. 首先,与其他自出版平台相同,都需要填报作品名称和作者信息,并创建账户。

2. 登录账户后,可以选择"create"创建新书(见图 2.23、图 2.24)。

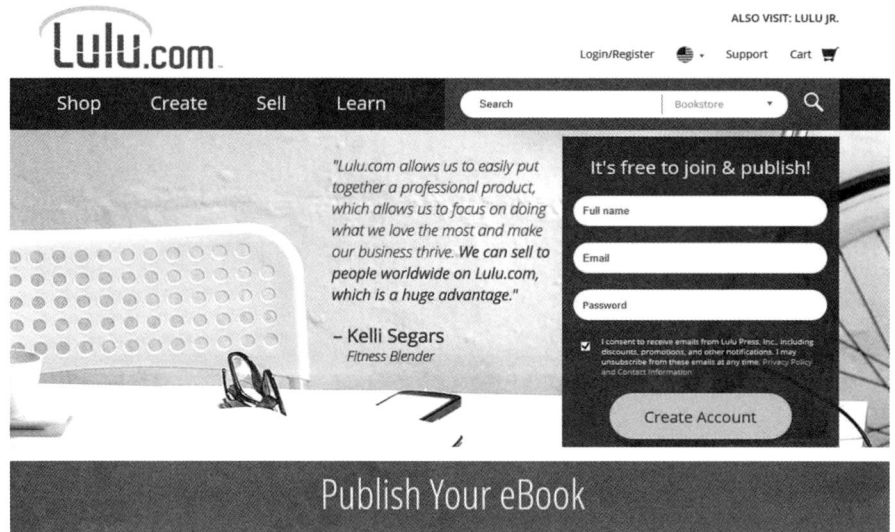

图 2.23　Lulu 平台创建新作品页面

图 2.24　电子书信息填写页面

3. 申请书号（见图 2.25）。在此项有三个选择，分别是：请 Lulu 公司申请书号、使用已有书号、不使用书号。

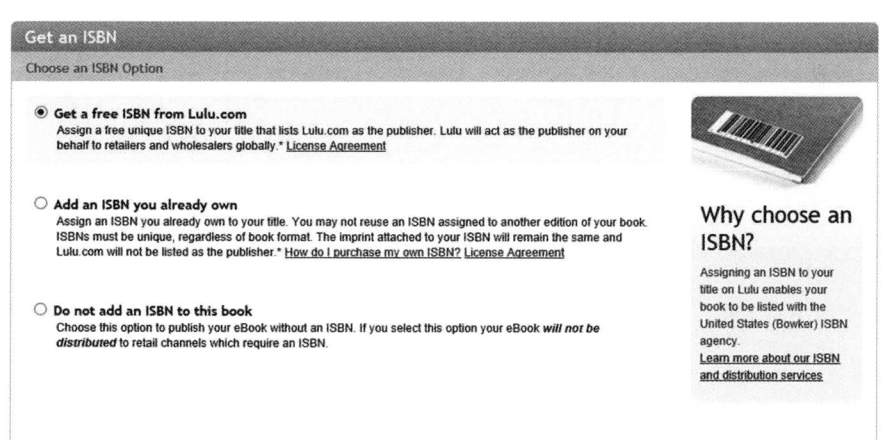

图 2.25　书号信息选择

4.按照第一个选择,请 Lulu 代为申请书号,随即显示书号为:978-1-312-93676-8。(申请时间为 2014 年 12 月,笔者在网站注册后,该网站直接生成该书号。见图 2.26)

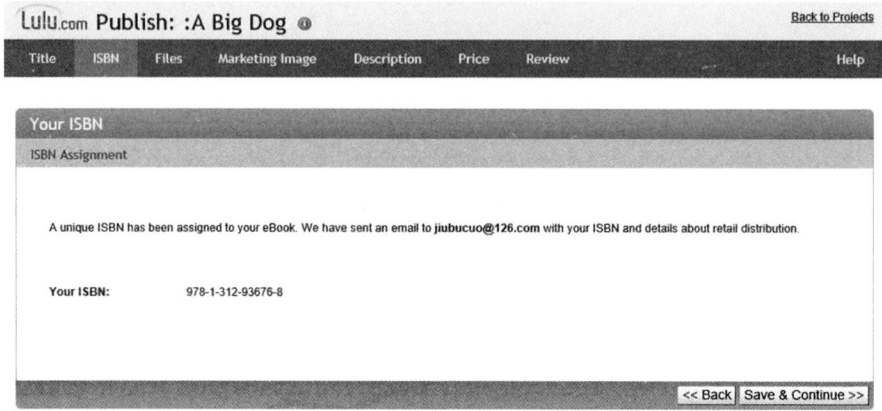

图 2.26　已经申请到的书号

5.选择上传书稿(图 2.27)。在此之后进行封面选择、定价等程序。

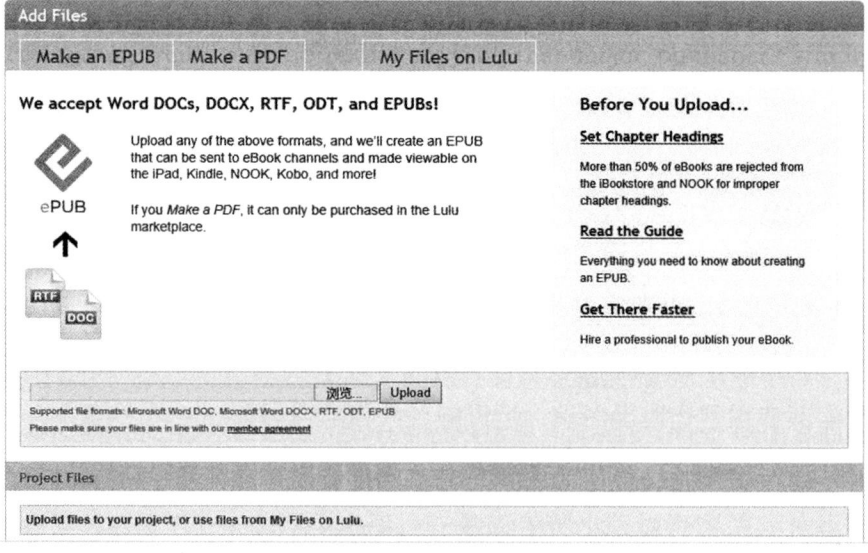

图 2.27　上传书稿

6. 笔者以 *A Big Dog* 为题尝试在该平台进行自出版,在注册后的两个小时内,就收到 e-mail,并且直接分配书号(见图 2.28):

```
Dear Lulu Author,

An ISBN has been assigned to your eBook

ISBN #: 978-1-312-93676-8

Content ID: 16373465

Book Title: :A Big Dog


- If you choose to sell your eBook, it will be submitted to the retail sites you select from Lulu's retail partner network. To learn more, see our
eBook distribution guidelines. [insert: http://www.lulu.com/help/ebook_distro_guidelines].

- Lulu's eBook converter tool creates eBooks in EPUB format. You may also create eBooks in this format using your own tools. We will verify your
eBook meets ePubCheck validation requirements.

- If you elected to receive a free Lulu-owned ISBN, Lulu.com will be listed as the eBook's publisher, but you always retain control of your
copyright.

- If you assigned your own ISBN to your eBook, the imprint (publisher name and information) attached to your ISBN will be retained. Lulu.com will
not be listed as the publisher.

- Please be aware that most retail channels maintain policies prohibiting submission of illegal or offensive content. Adult and/or sexually explicit
content may be rejected if inappropriately categorized by the author. Lulu reviews all content marked for distribution to retail channels, and
reserves the right to re-categorize and/or decline to submit books that violate retailers' content policies.

Lulu Press, Inc.

3101 Hillsborough St, Raleigh, NC 27607

www.lulu.com

If you no longer wish to receive these emails, visit this page to change your email preferences or unsubscribe:
http://www.lulu.com/account/my-account/preferences

You may also send an email to unsubscribe@lulu.com and type the word 'unsubscribe' in the subject line and be removed from all Lulu emails.

Copyright © 2002-2015 Lulu Press, Inc. All Rights Reserved.
```

图 2.28　平台自动回复作者的邮件

(四)ASI(Author Solutions)

创办于 2007 年的 ASI 一直保持快速增长的运营收益,在 2011 年就已创造了约1亿美元的收益,更为难能可贵的是,2012年至2014年三年间的平均增长率达到了12%。ASI的主要收入来自于其提供的自出版服务。2011年,企鹅出版公司看到了自出版的发展势头,设立了类型小说写作社区Book Country,2012年与ASI"强强联合",2016年年初,企鹅兰登(企鹅后与兰登书屋合并)又与ASI"潇洒分手",引发了业界对美国自出版运作态势的高度关注。截至2014年年底,与ASI合作过的作者已经超过180 000位,通过此平台出版的图书超过190 000种,公司总员工超过了1 600人。"针对那些不具备文档编辑能力或者网络操作技能的作者,ASI提供了付费的iUniverse、Author House、Trafford和Xlibris等辅助自出版工具,这些工具可以让作者无需学习专门的文档编辑技巧和书籍美术编辑技能,就能按照固定格式上传和出售成型的作品。"[①]

在争夺自出版作者的策略中,Author Solutions不断调整出版策略,例如,Author Solutions子公司Booktango提供了适用于各种平板电脑的编辑软件。在使用Booktango平台编辑加工后,若在此平台销售图书,会获得全款报酬。如果通过其他书店出售,比如Amazon或者Kobo,则会收到销售款的90%。另外还会提供一些免费服务,"包括一个完整的编辑套件、封面设计器以及国际标准书号分配。并根据作品的'净销售额'向作者支付版权费。作者可以支付49美元获得书籍上传和管理方面的指导和帮助,支付189美元获得整体性的协助以及版权保护。"[②]

1.在首页(见图2.29)右上角点击"publish your book"进入自出版页面,填写相关信息(见图2.30)。

---

① 郑真宇:《为什么自助出版商们要特别关注企鹅收购》,http://www.dajianet.com/digital/2012/0906/193274_2.shtml.
② Booktango:《帮助你在多个平台出售个人作品》,http://m.chinabyte.com/net/420/12257420_m.shtml.

图 2.29　Author Solutions 首页

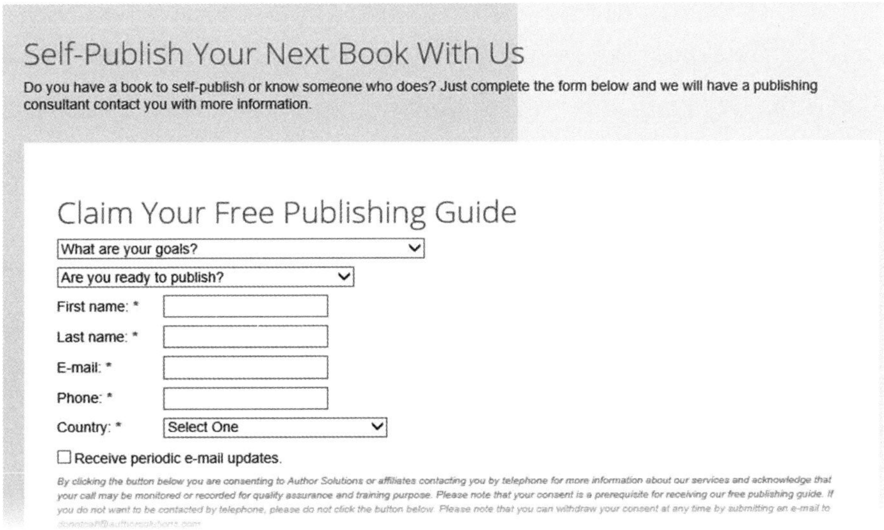

图 2.30　Author Solutions 自出版页面

2. 在自出版页面可以选择出书的目标（可单纯选择写作爱好，或者为了荣誉、为了与亲友分享故事等十项），同时可以选择写作的进度（有 1 到 3 个月、4 到 6 个月等五个选项），之后填写作者信息。

3. 在完成以上信息后，ASI 会在 72 小时内与作者联系。注册后会得到回复（见图 2.31）。

图 2.31　Author Solutions 自出版回复页面

通过分析美国自出版的主要经营模式和平台操作模式，可以简要总结美国自出版发展的特征：

一、作者从被动选择到主动参与。美国自出版发展主要依靠庞大的作者队伍。在自出版发展早期，作者选择自出版通常是被传统出版社拒绝之后的无奈之举，自出版模式经过近些年的技术和服务进步，逐渐成为很多第一次涉足写作的作者的首选。美国爱达荷州的作家雷切尔·范·迪肯完成作品《赌注》后，曾经主动向传统出版社求助发行，但是经历了一系列的波折，仅书名就被要求修改 16 次，而且要求部分内容必须删除，而这些要求删除的部分，正是作者认为的得意之处。作者不能接受对作品接近于"面目全非"的修改，无奈之下选择了亚马逊平台自助出版 KDP，作品上线之后，销量排名冲至美国 2013 年 4 月第二周电子书排行榜首位，上榜十天就在美国和英国售出 8.4 万册，一举获得自出版市场的认可。由于《赌注》的成功，迪肯在当年亚马逊零售榜最受欢迎作家排行榜排名第六。

二、自出版平台运营商从群雄逐鹿到垄断经营。美国自出版的市场格局划分明显，从 2013 年电子书和纸质书出版书号总数看，前五家企业分别是 CreateSpace、Smashwords、Lulu Enterprises Inc、Xlibris(Div. of Author Solutions)、AuthorHouse(Div. of Author Solutions)。从纸质书的出版书号总数看，前五家企业分别是 CreateSpace、Lulu Enterprises

Inc、Xlibris（Div. of Author Solutions）、Author House（Div. of Author Solutions）、iUniverse（Div. of Author Solutions）。从电子书的出版书号总数看，前五家企业分别是 Smashwords、Lulu Enterprises Inc、Xlibris（Div. of Author Solutions）、Author House（Div. of Author Solutions）、BookBaby。

2013 年有 186 926 种图书通过 CreateSpace 平台发行，这占据美国自出版市场的 40.76%。位居出版发行图书数量第二的是 Smashwords，发行 85 500 种，相对于 2008 年的 65 种，Smashwords 的增速最快，2013 年相对 2008 年的增幅为 131 438.46%，2013 年发行自出版图书种数占全美市场的 18.65%。排名第三位的是 Lulu Enterprises Inc，发行自出版图书 74787 种，占据全美市场的 16.3%。这意味着排名前三位的自出版企业已经占据整个自出版市场的 75%，从自出版书目发行总数（包括电子书和纸质书）看，垄断格局已经形成。①

三、内容从多样化到类型化。在美国自出版的起始阶段，作品内容可谓是多样化发展，有大部分作者尝试将自媒体内容整理成书，题材涉及个人随想、旅行游记、育儿点滴、每日菜谱、运动健身、追星日记等。另外有部分作者是为了避开传统出版机构对作品内容的束缚，将小众题材的作品发布到网络平台中，纯粹从个人兴趣出发，大量不同类别作品造成了小众群体的存在。由于读者兴趣各异，在一段时期内形成了作品销售的"长尾状态"，即无论多么小众的作品都会有人关注，有人购买阅读，相对于畅销题材作品，其他类别逐渐形成销量长尾，类别多，但是大部分畅销题材之外的作品销量极少。经过网络自出版平台的竞争，作者资源也逐渐趋向于高销售量的出版题材。在高利润分成的驱动下，为了迎合读者需求和市场需要，作品题材逐渐集中到暴力犯罪、言情浪漫、科幻玄幻等类型

---

① *Self-Publishing in the United States*，2008—2013，Print and Ebook. Prepare by Bowker.

领域。网络自出版畅销书排行榜始终被以上几个类别题材的作品占据，例如迪肯的《赌注》、霍金的《超能部族》。作品题材类型化伴随着质量的下降。众多类型相近的作品，并没有造成同类竞争优胜劣汰的结果，因为美国网络自出版缺乏有效的监管环节。绕开了传统出版机构的审查、编辑、校对等程序，单纯依靠作者本身的编辑与审稿，造成作品质量下降的趋势，几乎是必然。

四、增值环节围绕作者需求提供服务。大部分的自出版增值环节体现在三个方面：一是作者在大部分的自出版专业平台上具有自由定价权。这种自由定价权不是天马行空的无底线定价，而是基于纸质书成本核算、电子书最低定价、销售渠道控制等条件限制，尽管有诸多限制，但相对于传统出版，自出版在定价权的让渡方面还是让作者较大程度地掌握了主导权。二是作者享有绝对著作权。一般而言，自出版作品的电子书完成上传后，著作权会在作者手中，自出版作者一般不需与自出版平台签订数字版权协议。三是提供多样化的平台分成模式。以 Smashwords 为例，"如果作者上传的图书只在 Smashwords 本平台上直销，作者就可获得图书销售净收益的 85%，剩下的 15% 则归平台所有；如果作者采用了佣金销售制，则可获得图书销售收入的 70.5%；如果通过 Smashwords 签约的第三方平台销售，作者的收益为图书销售收入的 60%，Smashwords 和第三方平台获得余下的 40%。"[1]

第三节 美国自出版的优势

第一是自出版使书籍出版周期大大缩短。因为自出版网络平台和作者的合力作用，自出版书籍周期已经缩短至几个星期，电子书的出版过程

---

[1] 朱凤：《自助出版商业模式研究》，上海师范大学 2014 年硕士学位论文。

则更短。一般传统出版周期从一年到一年半不等,如果新秀作家花费这样漫长的出版周期,则会丧失良好的出版机会。在自出版的流程中,重印速度加快,因为自出版电子书具有相当的比例,不存在重印的时间问题,而纸质书的库存在自出版平台的数据统计中也有精确的记录,基于网络销售的自出版,可以更加有效地预计重印数量和进行时间管理。

第二是作者具有作品出版的主导权。根据美国《作家文摘》统计,在传统出版机构中,有60%的出版社都不会与作者商议作品内容的编辑情况,包括情节修改、文字修饰、内容增删等,作者在上交书稿之后,似乎已失去对作品内容的控制权。还有23%的传统出版社会自行更改书名,在不征得作者同意的情况下,出版社有可能会对书名做出较大修改。还有约20%的传统出版机构会自行进行作品装帧,在封皮、纸张等环节,不会征求作者意见。这就使很多新手作家对传统出版社"敬而远之"。美国作家布莱克·克劳奇曾抱怨他不能对自己作品的封面设计和图书营销提出修改意见。而经过他自行修改编辑的自出版作品在 KDP 上发售,作品上线之后的当月就卖出了 188 本,并在 2011 年 4 月实现了月卖 2 万本的销售佳绩。

第三是作者有作品的完全版权和高版税收入。在自出版模式中,作者拥有作品的外文版权、电子版权、电影、电视、游戏、话剧、歌剧改编以及外围产品开发的所有权利。作者还可以获得更高的版税,最高甚至可以拿到 70%－80%的版税,自出版的高版税分配形式和效率都优于传统出版,从上文中的操作模式可以看出,自出版作品的销售情况会即时在网络中反馈给作者,相应的版税收入也会有清晰记录,作者完全可以按照个人意愿提取个人收入,这不仅保证了作者有较高收益,而且还将"折现"的主动权交还给作者。

第四是读者与作者的读写互动吸引了大量网络读者。传统出版中出版社对作品的修改编辑权力极大,而且往往是作品最终成书之后,经过发行、传播,最终才会有反馈的声音,经过出版社这一中介,读者意见的"只言片语"才会传递到作者的耳中。在自出版的平台中,不需要等到作品完全成书,就能听到读者的反馈声音,例如上文所介绍的部分自出版平台中,有以"章"为基本单位上传的文本,读者可以购买阅读,阅读之后可在网络平台中即时反馈意见给作者,激励作者进行创新。这种互动方式在大数据和互联网技术的不断推动下,还在以更多的形式丰富和完善,无论是最初企鹅兰登书屋的网络社区"图书国"(bookcountry),还是不断丰富的 twitter 或者是 facebook,再或者是专业自出版平台提供的读写互动功能模块,等等。这些越来越丰富的互动渠道和形式,将吸引更多的作者和读者加入自出版潮流之中。

第五是严密的数字出版法律制度提供了完善的保护体系。"美国的数字出版法律制度经历了《1995 年知识产权与国家信息基础设施白皮书》《1997 年在线版权责任限制法》《1998 年千禧年数字版权法》等法案的发展,最终形成了较为系统完善的数字出版法律体系。"[①]

美国的自出版受数字出版产业相关法律保护,从 1976 年至今,美国的数字出版产业保护体系设计愈发严密,而且针对不断变化的网络空间。从立法的相关性可以看出,美国的数字出版管理机构更是将"出版"上升到国家安全和国家战略的层级(见表 2.1)。

第六是政府机构与非政府机构联合运行的管理模式(见表 2.2)。美国对数字出版的管理运行既具有部门的针对性,又具有面向国际的开放性。针对性体现在对国内的数字出版运行分门别类,责权归属清晰,主要由政府管理部门行使管理职能;开放性体现在数字出版国家间合作,主要由非政府部门发挥作用。美国的国家版权局主要提供立法咨询,规制版权机制,保护著作权人利益。国家标准与技术局的主要职责是开发计量标准

[①] 黄先蓉,李魏娟:《美国数字出版法律制度的现状与趋势》,《中国出版》2012 年第 17 期。

表 2.1 美国数字出版产业相关法案

序号	数字出版相关法案名称	出台时间	主要内容
1	《版权法》	1976 年	为网络版权的适用提供依据
2	《知识产权和国家信息基础设施白皮书》	1995 年	论述了技术保护措施和版权管理信息与版权保护的关系
3	《在线版权责任限制法》《电子盗版禁止法》、《澄清数字化版权与技术教育法》	1997 年	为互联网服务提供商设置"避风港"
4	《千禧年数字版权法》	1998 年	对互联网服务提供商的侵权责任进行限制
5	《防止数字化侵权及强化版权补偿法》	2000 年	加强了针对侵犯版权人版权行为的民事处罚力度
6	《规范对等网络法案》《数字选择和自由法案》	2002 年	保护对等传输中享有版权的作品,对传输者的责任进行限制
7	《关键基础设施标志及优先级和保护、网络空间安全国家战略》	2003 年	对网络基础建设提出全局性建议
8	《数字媒体消费者权利法案》《家庭娱乐与版权法案》《数字消费者知情权法》《美国信息与通讯促进法》	2005 年	对消费者合法使用路径提供说明
9	《国际网络犯罪报告与合作法》《网络安全法》	2009 年	对网络犯罪种类提供法律依据
10	《美国发明法案》《网络空间可信身份认证国家战略》《网络安全国际战略》《禁止网络盗版法案》	2011 年	对网络盗版加大了惩处力度

来源:黄先蓉,李魏娟:《美国数字出版法律制度的现状与趋势》,《中国出版》2012 年第 17 期。

和技术,提高生产贸易效率。专利商标局的主要职责是保护发明家及审核专利产品、注册商标等事宜。美国国家网络安全中心主要是保证境内网络的安全运营。最主要的非政府管理部门是美国出版商协会(APP),它对出版图书和杂志类出版物的出版商和学术团体进行管理,是极具时效性和影响力的行业自治组织，承担着美国出版市场的管理和引导工作，而且在美国自出版图书的出版和全球化推广进程中，发挥了重要的引领作用。

表 2.2 美国自出版管理机构

序号	政府管理机构	非政府组织
1	美国国家版权局	美国出版商协会
2	美国国家标准与技术局	美国商业软件联盟
3	美国专利商标局	
4	美国国家网络安全中心	

第四节 美国自出版管理问题

一、自出版作家群体中有相当比例的作家收入偏低

自出版的成功案例成为 Amazon 等巨头宣传的重要内容，然而，并不是所有自出版作家都能够实现他们的淘金梦。"在 2011 年绝大多数的自出版书籍价格都在 0.99 美元，平均自出版书籍的价格从来也没有超过 2 美元，最贵的自出版图书也没有超过 5 美元。"[①] 截至 2016 年 4 月，Smarshwords 官方网站的数据显示，亚马逊已通过自出版方式出版图书 400174 种，其中免费书 52572 种。在自出版图书中最高售价的图书是 9.99 美元，其中大部分书的定价还是 0.99 美元和 1.99 美元。尽管有数据显示，定价在 0.99 美元到 4.99 美元时，对电子书的销量会有提升刺

---

① 亚马逊 Kindle 自出版服务（Self-Publishing）的一些数据. http://www.internet2share.com/archives/6963.

激。但是根据 Alison Flood 对 1007 位网络自出版作者所做的调查显示，"2011 年的自出版作者平均年收入为 1 万美元，除了极少数畅销书作者能够有丰厚收入，大部分作者的收入偏低。"[①]对于自出版作家的收入问题，从管理的角度看，实际上是利益分配的管理出现了失衡，这种情况类似于发生在很多领域的"80/20 定律"。在大多数领域中，取得高收入的人占所有同类职业者的少数，比如在美国职业篮球比赛联盟（NBA）的所有球员中，取得高收入的球员占比很少，最高收入的球员可以达到 3 000 万年薪，而收入最低的球员只有 50 万年薪，两极收入相差近 60 倍。但是，出版是文化产品的生产和流通，任何一本书都会给社会造成不可量化的影响，不能仅仅按照畅销书的销量向作者分配收益，这也说明了美国自出版作品数量多但精品少的原因，大多数作家在追求畅销，而忽略了质量。

二、自出版作品内容和题材过于集中

自出版作品题材类型集中在犯罪、言情和科幻等娱乐领域。从目前情况看，自出版小说题材集中已经使得"书籍"这类特殊的商品陷入了与一般商品等同的消费市场化的漩涡。自出版作品创作目的趋同，就是以市场需求作为主要目的，根据市场对作品的反应作为作品评价的主要标准，这就吸引了更多的作者"瞄准"读者来创作，按照市场规律，这无可厚非，但是长期发展，就会使自出版市场中的作品类型单一、内容趋同。从自出版内容管理的角度出发，自出版平台的页面中几乎没有对内容进行"分类引导"的设置，现有的自出版平台只有关于自出版题材的分类，比如言情、犯罪、玄幻、战争等，几乎没有更多健康内容的引导和鼓励手段。

---

① 亚马逊 Kindle 自出版服务（Self-Publishing）的一些数据. http://www.internet2share.com/archives/6963.

三、低俗内容泛滥,自出版成人小说市场份额逐年上升

低俗内容是很多自出版巨头不愿意看到又不得不面对的一个事实。虽然亚马逊等出版巨头均在其内容政策中明确指出,色情内容不允许出现于自出版电子书中,但是用户只要搜索,就能很轻易地在 kindle fire 或者其他阅读器上找到该类内容。"由于自出版作者的创作门槛低、创作节奏快,自出版作品质量也难以得到保证,因此自出版发展了十多年,并没有诞生令人惊艳的大作,至少在作品水准与创新方面,完全没有超越传统出版体系。这一所谓的民主出版模式也未带来预想的文化创意大爆发,我看到的是浩如烟海的平庸之作,很多甚至格调水平低下达不到传统出版的要求。"[1]

四、没有针对自出版的专门法律

美国国家版权局、美国国家标准与技术局、美国专利商标局、美国国家网络安全中心等政府管理机构,并没有制定针对自出版活动的专门法律。在美国非政府管理机构中,美国出版商协会(APP)、美国商业软件联盟(BSA)等组织也并没有制定具有针对性的自出版行业自律管理规定,也就是说美国的自出版活动还处于"真空地带",所以会产生内容质量问题、大部分作者收入偏低问题、书号使用混乱问题等。除了专门的法律缺失以外,美国市场还缺少针对自出版产业的统计,这就给自出版行业管理带来了困难。

---

[1] 亚马逊 Kindle 自出版服务(Self-Publishing)的一些数据. http://www.internet2share.com/archives/6963.

五、行业垄断阻碍了技术进步

网络自出版在美国市场中出现已经超过十年时间，最初的自出版平台完成了技术创新和渠道建设，使技术红利能够保证提供低价的自出版作品和自出版服务，相对于传统出版的竞争者而言，最初的自出版创业者享有暂时性的优势，而后来的竞争者迫于产业发展的压力，也会研发出创新技术以打破行业壁垒，再次提高生产率，降低价格。周而复始，但随着自出版产业逐渐成熟，部分企业占据了大部分市场份额成为了寡头，就会尽力阻止新竞争者的加入和新技术的研发，通过放缓新技术研发来保护自出版平台前期投入的资本价值，这就阻碍了资本投入。在出版产业的变革中，往往是资本和技术推动产业进程，如果自出版领域形成寡头或者垄断，那就意味着已经产生资本进入壁垒，而技术因为垄断也不会产生创新和进步。回顾美国自出版垄断平台的意义在于发现了专业自出版平台的技术并不复杂，但是近十年几乎并无大的进步，除了 KDP 平台在不断创新之外，其他的自出版平台几乎只在维持原有的技术运行而已。如果美国的出版协会或者其他政府管理机构没能解决自出版行业的垄断问题，那么可以预言美国自出版的技术创新将会逐渐止步。同时，由于不再进行新的技术研发，自出版巨头只能依靠资本收购其他的技术力量和渠道，这也就不难解释为什么企鹅兰登先是高价收购 ASI，在 4 年后又低价出售，在所有人以为是巨头不看好自出版的时候，企鹅兰登却又收购了另外一家自出版公司。就是因为行业巨头已经在一定程度上阻碍了技术创新，当技术不再能推进产业变革时，只有依靠资本来巩固行业地位。其实扩展来看，在 2015 年世界出版巨头的排名中，汤森路透、麦克劳希尔等出版"老牌劲旅"，都是依靠不断地兼并重组，发挥资本的力量以保持业内地位和核心竞争力的。

六、自出版渠道的稳定性和持续性有待提升

与传统出版相比,自出版缺少细致的传统编审环节、长久积淀的品牌价值、严苛的评审制度。在大众出版领域,作家会出于两种心理选择自出版,一是传统出版的限制使作家不得不通过自出版生产、编辑、发行作品,二是渴求自出版的高比例分成。在学术出版领域,有作者主动选择自出版发行学术著作,但是有一种现象值得关注,就是无论是大众出版还是学术出版,部分作者在尝试自出版之后,就会回归到传统出版中。有很多自出版过畅销书的作家在自出版平台中收获名气和利润后"回归"到传统出版继续出版新作品。这一现象值得关注之处,在于自出版渠道并没有形成一种成熟渠道,换言之,自出版平台会吸引新手作家出版一些畅销书,但是很多作家在成名后还是会转回传统出版。美国德州大学的语言学教授克莱斯皮纳兹通过 CreatSpace 平台出版了他的第三部学术作品《拓宽视域:如何研究、诊断和修复组织中的信息流》(前两部作品通过传统出版渠道出版),但是在经过第三本书的出版和发售之后,他依然计划将第四本学术著作交给传统出版社出版。这说明,美国自出版平台对作者的持续吸引力有待提升,现有的平台并不能保证足够的作者使用黏性。这也就不难解释,为什么美国自出版市场中畅销书种类很多,但大多是昙花一现,很难有系列作品或者鸿篇巨著出现。

第 3 章
英国自出版发展现状、特征、优势及问题

本章首先分析了英国自出版的发展现状,主要介绍了亚马逊 KDP（Kindle Direct Publishing）、Kobo 的 KWL（Kobo's Writing Life）和 Smashwords。专业教育为英国自出版发展提供了持续的人力资源。女性读者为自出版电子书的主要购买者。自出版市场虽然基数很小,但增速很快。英国自出版的优势主要依靠低风险、低成本、低门槛吸引了大量的自出版作者。灵活的定价策略保证了畅销书中自出版图书的比例。宽松的准入机制激活了自出版市场中的核心要素。严苛的法规制度保证了自出版作品的内容规范性。政府管理和非政府管理相配合,保证了自出版的良性健康发展。英国自出版主要的管理问题有:在巨大的图书销售市场份额中,自出版图书的题材过于集中。数字内容的版权构成复杂,是制约自出版进一步发展的瓶颈。传统出版商的数字转型成本高昂。

第一节　英国自出版发展现状

根据尼尔森图书监测公司的统计,2013 年英国共售出自出版图书 1800 万册,同比增长 79%,电子书增长 20%。对于电子书出现大幅增长的原因,尼尔森图书研究业务总监斯蒂夫·博姆认为:"正是自出版市场的继续增长,拉动了电子书的迅猛增长。在英国自出版市场,自出版的主要图书题材是惊悚和幻想小说。与最初的低价拉动销售策略不同,现在自出版作品以塑造人物特点和情节魅力成为吸引读者的主要因素。自出版作者逐渐有了趋于固定的粉丝群,并且借助新媒体,不断提升作者影响力和作品的传播范围。自出版作品的类别划分也越来越向主流出版物分类靠拢,因为类别的明晰,可以有助于通过搜索和推荐向读者进行推广,这些发展特点使自出版作品逐渐融入主流出版物行列。"[①]

有学者在研究中详细介绍了英国的三大自出版平台:亚马逊旗下的 KDP、Kobo 旗下的 KWL(Kobo's Writing Life)和 Smashwords。

一、亚马逊 KDP

英国的 KDP 与美国的 KDP 特点基本一致,英国亚马逊网站在介绍中不仅强调了作者的权力,同时还提出了为传统出版社服务的理念。英国的 KDP 平台允许作者免费在线发表作品,作品上线后,读者可以通过 Kindle 阅读器或其他阅读终端付费下载,亚马逊则按销售比例与作者分成。作者可以通过以下步骤自行完成出版全流程:(1)用户用邮箱在 KDP 网络平台完成注册;(2)添加作品的书名、版本号、发行人、简介、语

[①] 陆云:《英国自助出版高速增长》,《中国出版传媒商报》2014 年 6 月 23 日。

言、关键词等信息；(3)按照规格上传书籍封面；(4)上传电子书文档,同时选择是否启用数字版权管理(DRM),其目的是控制书籍被未授权分发；(5)明确出版权利,作者要保证作品不能出现在 KDP 之外的出版平台；(6)在 KDP 社区,用户可以咨询任何出版问题,社区提供英语、日语、德语、法语等语言；(7)KDP 提供促销方案,如限时打折、限时免费等；(8)作品可以享受独特的销售渠道,包括在 Audible.com、iTunes 等网络平台出售。[①] 在亚马逊的自出版平台中,作者将拥有绝对的版权,并且能够保留衍生权利。在作品收入分成的问题上,KDP 灵活的分成方法让写出不同类别作品的作者都能最大限度地获益,作品定价权在作者一方,作者的权力得到极大的保护。一般而言,作者对作品的标价为 2.99 美元至 9.99 美元时,作者会获得 70% 的版税。亚马逊在英国的电子书市场中占有绝对的份额,因此 KDP 拥有极为雄厚的销售渠道资源、用户资源、作者资源、读者资源,这些资源可以保证优秀的自出版作品上线之后在第一时间被用户获知。

二、Kobo 的 KWL

Kobo 这家来自加拿大的公司在 2012 年年初被日本乐天集团以 3.15 亿美元的价格收购,其自出版平台 KWL(Kobo's Writing Life)于 2012 年 6 月正式上线,短时间就在英国自出版市场中风生水起,赢得了大量作者的青睐。与亚马逊的 KDP 不同的是,在 KWL 平台上,作者的版税收入在某些价格区间内会更多地倾向于作者。例如当作品价格在 1.99 美元到 12.99 美元时,作者将得到 70% 的版税收入,在此价格区间之外的作品将获得 45% 的版税。

---

① 丁新淄:《自助出版研究》,河北大学 2014 年硕士学位论文。

另外，在 2012 年 9 月，KWL 将作者以前能够获得最多 70% 版税的部分，再次增加至 80%，这一刺激性的红利政策，吸引了更多的自出版作者，使平台自出版图书的销售量增长了 700%。KWL 提供了对作品发布渠道"绝对自由"的平台，在该平台上销售的自出版图书同样可以出现在别的平台上，这给了作者极大的自由。在销售渠道增加的同时，KWL 并没有只做"甩手掌柜"，而是将服务链条延伸至其他平台的销售数据，也就是说在 KWL 平台上生成的电子书，无论通过那个销售渠道出售，作者都会收到来自于 KWL 平台的统计数据，这就方便了作者对作品销售情况做出清晰的判断和预测，作者可以根据相应的数据，及时对作品的营销地区和营销方案作出改进。

三、Smashwords

在第二章中已详细介绍了这一平台的自出版特征和流程，该平台最大的特征就是为作者提供丰富多样的免费自出版软件和免费发行渠道，这些能简易操作的软件可以把 Word 文件转换成其他类别的电子文档。通过 Smashwords 的分销合作关系，这些电子书登上了苹果、巴诺、索尼和 Kobo 的电子书店货架。

发展至今的 Smashwords 已成为世界上最大的电子书分销商，不仅专注于服务自出版作家，而且还服务于小型独立出版社。截至 2016 年 4 月，根据 Smashwords 官网的统计数据，该平台已经出版了由 4 万多名作者撰写的 401 108 万种书籍，其中免费书 62 690 种。每个作者都获得了至少 60% 的版税，这一版税分成已经是传统出版商的四倍。Smashwords 的商业模式似乎像"农夫山泉"的广告语一样，"我们不生产作品，我们只是好作品的搬运工。"

Smashwords 会从合作网站的销售收入中收取 10% 的费用，另外在自身销售平台中收取15%的费用。在所有书籍中，大众题材的书籍占到近一半的比例。Smashwords的战略是通过低成本和多渠道优势占领自出版市场，基于薄利多销的策略，该平台的盈利在2012年之后一直比较稳定。除此之外，英国其他从事自出版业务的主要网站平台有：Blurb、LuLu、Writersandartists、Selfpublishingbooks、Spiffingcovers、Xlibrispublishing、Iamselfpublishing。

第二节　英国自出版发展特征

一、专业教育为英国自出版发展提供持续的人力资源

《卫报》文章报道，英国中央兰开夏大学宣布创设世界上首个自出版学位。学科带头人黛比·威廉姆斯相信这将有助于自助出版的"合法化"。创设自出版学位课程的想法是由现实的需求而产生的，已经有学生开始申请了。该课程将包括讲座、研讨会和讲习班等形式，由业内专家主持讲授；课程内容包括制作、营销和电子书创作等模块。[①]"春江水暖鸭先知"的现象在英国自出版行业发展中得以体现，高等教育行业首先感知到自出版未来的趋势，做出了及时的判断。从目前英国出版教育的专业设置预判，英国的自出版市场还会因为人才的助力而不断扩大。

二、女性读者为自出版电子书的主要购买者

有数据显示：自出版电子书类型倾向于小说，但是在儿童文学领域

[①] 杨潇：《世界首个自助出版硕士学位在英国创设》，http://www.bisenet.com/article/201403/135833.htm。

增长迅速,并且自出版电子书消费群更多的是女性。自出版电子书的消费群体中,37%的购买者是 45 岁以上的女性,32%是 45 岁以下的女性(此人群的增长速度最快),20%是 45 岁以上的男性,11%是 45 岁以下的男性。① 可见,在相当一段时间内,英国自出版市场的消费主力将是女性。

三、自出版市场虽然基数很小,但增速很快

自出版图书只占整个图书市场很小的份额——2012 年共售出 3.2 亿本图书,自出版图书占其中的 5%,图书总销售额为 21.8 亿英镑,自出版图书占其中的 3%。但是,尼尔森图书研究主任 Steve Bohme 在一次数字化时代的研讨会上预测这个数字只会持续上升:"自出版绝对会持续繁荣,现在印刷图书在衰退,电子书整体在上升,但是其中很大程度上是由飞速增长的自出版推动的。自出版越成功,就会有越多的作者将其看作可以选择的一条路。在出版领域,这是一个上升中的市场。出版商也会关注并利用自出版。自出版中发展最快的是惊悚类和幻想类的题材,而相比 2012 年,自出版图书的价格提高了,与图书主流价格更加接近。根据最新数据,自出版的电子书最常见的价格是低于 1 英镑,但是这个价格正在快速上升。读者购买自出版图书不再是因为便宜而是因为好的人物和情节,作者有名气之后就会像主流作者那样拥有自己的读者群,这样自出版市场就越来越像传统出版市场。"②

---

① 陆云:《英国自助出版高速增长》,《中国出版传媒商报》2014 年 6 月 23 日。
② 《英国 2013 自出版图书销量增幅达 79%》,http://mp.weixin.qq.com/s?__biz=MzA5NTU1ODYyNA==&mid=200439647&idx=1&sn=ccdf7a73d62caccc327da8a53e36e78e。

第三节　英国自出版的发展优势

一、低风险、低成本、低门槛吸引了大量的自出版作者

高度结构化的传统出版社阻碍了有创作需求和梦想的作者群体,在自出版平台中,作者的主动权被充分激活。"英国统计数字也显示,2014年上半年自出版品种增长了79%。目前,全球年度自出版图书品种估计在50万左右。数字出版的'去媒介化'优势在自出版体系中得到淋漓尽致的体现:很多自出版作者通过社交媒体和粉丝社群营销获得了比传统出版丰厚得多的收益。2014年英国作者联合会就此发出声明:传统出版不再是作者获取最大利益的来源,自出版正取而代之。"[1]正是由于自出版的强大魅力,英国本土已成名的作家群体也有被自出版"收编"的趋势。《哈利·波特》系列畅销书的作者 J. K. 罗琳自建自出版网站 Pottermore。"Pottermore提供《哈利·波特》系列小说的电子书和有声读物付费下载,网站还将推出超过 18 000 字的附加内容,包括一些故事背景的细节和设置。"[2]

二、灵活的定价策略保证了畅销书中自出版图书的比例

"起伏定价(Price pulsing)是一种市场营销策略,由出版企业或自出版作者先设置较低的促销价格让图书获得更多销量,提升其进入畅销书

---

[1]　任翔:《2014年欧美数字出版的创新与变局》,《出版广角》2014年第 Z3 期。
[2]　百度百科:Pottermore,http://baike.baidu.com/link? url=tV7TRypYZPGpQpmIgeP_jfG-ZDPmkgMxGnrnpmXytDV6gONJZmOOVGdUeytx2dUmZvcavEIG1mbTIoK8IaX7z7_.

单的可能性,获得更高关注度和更多书评,当销量达到峰值后调整至正常零售价格,维持一段时间后再次进行降价。"①在自出版的销售平台中,因为会设置销售排行榜、价格榜、作品更新排行榜等,这就需要作者对作品进行一定的营销管理,定价策略就是基于对读者吸引力的管理而设置的特殊功能,作者可以先将作品定价为最低的 1 英镑,随着销售量的增长和读者注意力的聚集,作者可以随时调整作品价格,将作品定价调为 4 英镑或者更高。

三、严苛的法规制度保证了自出版作品内容的规范性

英国没有专门针对自出版内容的立法,对数字出版内容的管理一直秉持"监督而非监控"的理念。英国政府将网络媒体视为出版物的一种,通过沿用已有的相关法律规定来对数字出版内容进行规范。这些法律有《刑法》《青少年保护法》《淫秽出版物法》《数据保护法》《隐私和电子通信条例》《通信法》等。

四、政府管理和非政府管理相配合,保证自出版的良性健康发展

政府管理部门包括英国议会,主要涉及包括自出版在内的数字出版转型,以及修订相关法律的职能;英国专利商标局主要是对高新技术专利提供保护,在数字版权的保护上,2006 年由该局颁布的新的专利法和实施细则,对数字版权的专利性、复制与版权纠纷等条款作了具体说明;英国商业创新技术部(BIS)的职能是建立运行有序的商业竞争体系以保护

---

① 徐蓉:《六项创新助推英国数字出版》,《出版人》2013 年第 6 期。

消费者权利；英国文化媒体和体育部主要负责政府部门和出版行业的关系，通过文化传播和发展过程挖掘文化潜力，提升国家形象。非政府组织有英国文化委员会，其主要职能是教育、文化、出版的推广工作，通过政府和教育机构的资助，向世界传播英国文化，包括英国出版物的出口工作；英国出版商协会下设国际委员会、学术与专业委员会、教育出版商委员会、商业出版商委员会、儿童图书委员会等，是全英图书杂志出版商组成的非官方机构，通过交流经验解决问题，巩固和提升英国出版的地位。随着出版物对外贸易的增多，英国出版商协会与相关领域和行业的交流日渐频繁，发挥的作用也越来越大。

表 3.1　英国有关数字出版内容的法规

名称	时间	相关规定
《刑法》(Criminal Justice)	2003 年	对诽谤性出版、淫秽出版以及煽动诽谤政府等罪行都有相关规定。
《诽谤法》(Defamation Act)	1996 年	该法第一部分即是关于"出版责任"的规定。作者、编辑、出版者故意出版的出版物中含有诽谤性文字，并且存在明确的诋毁名誉的意图，即有可能构成诽谤罪。
《青少年保护法》(Protection of Children Act)	1999 年	本法适用于虚拟儿童色情。虚拟儿童色情是互联网技术发展的产物，指通过合成技术制作虚拟儿童，再以此为客体制作色情材料。该法禁止拥有、传播、演出或者出版虚拟儿童参与性行为的色情物品。
《公共秩序法》(Public Order Act)	1996 年	关于网上言论问题。该法认为把意图煽动种族、宗教仇恨的侮辱性言辞和表演犯罪化即是违反本法。该法能够对恐怖分子通过网络传播恐怖思想和美化粉饰恐怖行为进行制裁。
《淫秽出版物法》(Obscene Publications Act)	1964 年	该法认定的淫秽物品是指"一份材料所包含的内容在任何情况下对于听、读或者观看的人有使其堕落和腐蚀的作用"。可视化的淫秽电子信息也包含在淫秽内容之中。如果一个人出版或者为出版而拥有淫秽物品就违反了该法。
《防止滥用电脑法》(Computer Misuse Act)	1990 年	该法规定了三种计算机犯罪：①非法侵入计算机罪；②有其他犯罪企图的非法侵入计算机罪；③非法修改计算机程序或数据罪。

续表

名称	时间	相关规定
《数据保护法》(Data Protection Act)	1998年	该法加强并延伸了1984年《数据保护法》中规定的数据保护机制,在取得、持有、使用或揭露有关个人数据处理过程等方面提供规范。
《隐私和电子通信条例》(The Privacy and Electronic Communications (EC Directivc) Regulations)	2003年	该法针对垃圾邮件传递恶意代码、非法传递恶意信息、钓鱼软件攻击等对网络用户存在安全威胁的行为进行惩治。
《通信法》(Communications Act)	2003年	规定OFCOM要为保护广大受众不受冒犯性或有害内容侵害实施足够保护,同时要保护广大观众不受不公平或破坏隐私的内容侵扰。

第四节 英国自出版管理问题

一、在巨大的图书销售市场份额中,自出版图书的题材过于集中

"鲍克公司英国区总经理史蒂夫·伯曼称,自出版电子书在成人小说和非小说类电子书市场的份额升至14%,在犯罪小说、科幻小说和言情小说市场则占到20%以上。与之形成鲜明对比的是,在儿童书籍市场,其份额仅占3%。"[①]自出版平台对于出版题材的管理没有考虑社会效益和长期影响,在商业化的竞争环境中,自出版首先考虑的是市场需求。尽管英国市场和美国市场稍有不同,但是可以发现,自出版的无序竞争首先体现在题材的雷同上。尽管英国市场中有明显的女性消费特征,但是自

---

① 崔绮雯:《英国:自出版电子书已占14%市场份额》,http://www.bookdao.com/article/64569/.

出版作品的题材还是以犯罪、科幻、言情为主,这对于出版市场的健康发展和出版文化的丰富繁荣具有消极影响。

二、非法下载行为是制约自出版进一步发展的瓶颈

"英国出版业之所以能成为全球翘楚,正得益于英国完善的版权保护法律体系。然而英国数字出版业深受非法下载之苦,英国出版协会数据显示,有700多万英国人非法下载,这使得数字出版物的销售额损失三分之一。"①

电子书非法下载的行为是世界性的难题,自出版电子书也受到非法下载的困扰,在英国,无论影视、音乐、游戏,都是非法下载的对象。非法下载行为是自出版作品传播的双刃剑,一方面非法下载会侵蚀自出版平台和作者的利润,另一方面非法下载的作品通过网络传播,扩大了自出版作者的影响力,但从整体看,如果不从根本上遏制非法下载行为,最终受到侵害的还是一种规范的传播行为和传播环境,问题长久持续将影响原创自出版作品。

三、传统出版商的数字转型之殇

"根据英国出版商协会《2014年度英国图书出版业统计报告》数据(UK Publishing Industry Statistics Yearbook 2014),2014年英国实体出版物与电子出版物的销售总利润为33亿英镑,较前一年下降2%,其中实体出版物利润下降5%,为27亿英镑。"②从2014年至今,英国的出版巨头对待自出版的态度变得模糊起来,从整体看,英国的大学设置了自

---

① 王涛:《英国:出版业数字化加速转型》,《经济日报》2011年11月12日。
② 侯鹏:《英国培生集团加速数字化转型》,《出版参考》2015年第13期。

出版专业硕士，培生集团早在2012年就收购了自出版专业平台ASI，种种迹象表明英国的出版行业顶层是相信自出版发展潜力的。但在英国数字出版转型的道路中，更多看到的还是出版集团对在线教育和学术出版、专业出版的投入，而没有在自出版方向上做出更多的尝试。

第 4 章
国内自出版的现状、特征、优势及问题

本章主要介绍了国内自出版的典型模式,分别以以豆瓣阅读为代表的文学作品自出版、基于电商平台的京东自出版、以传统出版社为主导的"来出书"自出版、微写作与社交出版、学术自出版的雏形——大成编客、小众题材的专业自出版为例,呈现国内自出版的发展现状。国内自出版的特征有:自出版的法律"擦边球"色彩明显。部分作品缺失内容审核环节。平台建设利用尚有提升空间。有影响的自出版作家和网络编辑队伍尚未形成。与英美自出版专业化发展路径不同,国内自出版主要依托传统出版社。国内的自出版也有诸多优势,比如:自出版深度挖掘出版文化价值;拥有政策优势;自出版的发展基础好,发展后劲大。同时中国自出版也存在管理问题,如:内容管理方面,内容结构单一,质量参差不齐;版权管理方面,非法下载转载时有发生;行业管理方面,主体缺失;作家群体有待培养;渠道管理有待丰富和畅通。

第一节　国内自出版现状

目前中国的自出版模式与英美国家有较大不同,比如是否存在书号审批环节、是否有传统出版社参与、是否有自媒体平台参与等。笔者选择了有明显自出版特征的模式作为研究对象,力争完整呈现国内自出版发展的"全景图谱"。

在当前的媒体融合阶段,国内自出版发展呈现出较强的"融合"特征。互联网技术的进步赋予了每个社会成员参与信息传播的能力。在传统媒体为主要传播媒介的时代,受众在不知不觉间具有了"单向度"的特征,即只能接受信息而很少有主动创造信息的意愿和能力。网络信息的传播过程从"个体"特征逐渐显现出"个性"特征,个体体现了对信息加工和创造的劳动价值。这种传播能力和创造能力的获得来自于"融合"的作用,有个体使用社交网络参与传播的融合,也有传统媒体和新兴媒体内容和技术的融合,更有产业间相互促进发展的深度融合。在如此环境下,各类社交媒体、小众专业网站、自媒体的出版活动扮演着激活出版业和相关产业的关键角色。

本书第一章曾总结国内自出版的集中典型模式:以豆瓣阅读为代表的短作品自出版、以起点中文网为代表的长篇作品自出版、百度—维基百科式的自出版、"来出书"式的学术书自出版。这四种主要模式需要借助自出版平台、综合性投送平台、互联网出版平台、以发行为特征的发行平台和以自媒体为特征的发行平台。受碎片化阅读方式的影响,我国自出版市场的基础逐渐夯实,形式也更加丰富。根据2015年数字出版产业统计:"互联网原创作品的规模从2013年的175.78万种增至2014年的201万种,产品规模变化明显,这与网络原创作品平台自律机制的不断形成,以及政府引导与内容规范管理密切相关。"①新的自出版模式层出不穷，相信随着互联网技术的发展，新的模式还将不断产生。当前阶段，我国的自出版主要有以下几种典型模式：

一、以豆瓣阅读为代表的文学作品自出版

2012年1月豆瓣搭建了自出版平台，任何有创作意愿的人都可以申请成为作者。豆瓣依靠百万级的读者群，根据系统统计的用户偏好进行作品推荐，让"新鲜出炉"的新作品在第一时间被读者阅读或者购买。截至2016年3月，豆瓣阅读的作者已有18 433位，有6 978部自出版作品。在豆瓣阅读的定价环节，初期统一采取1.99元的定价模式，如果是作者自己的版权作品，作者拿七成销售收入。作品篇幅一般为3万—5万字，电子书价格一般为0.99元、2.99元、3.99元，另外还有大量的免费作品可以直接在线阅读。在众多的自出版作品中，有很多已成为网络中热传的"口碑作品"，如《7天治愈拖延症》《就像没有明天那样去生活》《反西游记》等。

在豆瓣阅读的首页，有实时更新的"畅销排行"数据，分为"虚构"和"非虚构"作品两大类别；在"读者动态"中，可以看到有哪些读者在平台中购买了哪些作品；平台中同样有"纸书代理"和"版权合作"的服务指南；在纸书代理的流程中，豆瓣代理是全流程免费的。在豆瓣的自出版作者群中，丁小云的作品是销量最高的，其中在网络中较受关注的《7天治愈拖延症》电子书售价已经升至5元，在自出版作品有了粉丝基础之后，2015年出版纸质版图书，获得较好的市场成绩。"可以看到，豆瓣阅读的自出版目前正致力于让大家更多地接触到小众文化以及个性作家。"②

---

① 张立：《2014—2015中国数字出版产业年度报告》，中国书籍出版社2015年版。
② 丁新湉：《自助出版研究》，河北大学2014年硕士学位论文。

二、基于电商平台的京东自出版模式

京东进军图书出版业是从 2010 年开始的,已拥有超过 1700 万注册用户。"'京东出版'系列图书的选题策划是基于对 1700 万用户的销售数据分析,从而选择一批用户需求大、呼声高的选题。仅仅靠出版一本书或者几本书就称之为'京东模式'还为时尚早,但这种通过整合线上和线下资源来实现 O2O 构造的价值链拓展方式可能是未来出版的发展方向。"①

按照自出版的定义和特征严格界定,京东模式不属于自出版,但是,由于这种模式结合了大数据优势,充分分析了读者需求,结合了传统出版社的优势,完成了一次双赢的创新拼接。这种模式的成功,代表了一种倾向,就是借助数据分析,可以预测市场潜力,并且为作者的创作提供了一个明确的方向。自出版市场中存在"长尾现象",无论多么冷门的作品,只要是累计需求不断增加,达到某一阈值后,都可以转化为市场需求,这对于有创作能力的作者成为自出版作者具有引领作用。

以京东为代表的平台电商涉足图书内容制作,产业链向上游延伸,如果真的挖掘发现极具需求的内容点,再找到合适的作家写手,推出以平台商主导的自出版图书,确实可以增加平台用户的使用黏性。但是,这种商业模式的运行是以平台为主导,作者在其中并没有真正发挥主导作用,换言之,作者在整个出版流程中的话语权不够大。按照笔者对自出版的定义和理解,京东出版并不是真正意义上的自出版,这种出版从主导因素考虑,只是平台商介入出版流程的一种形式,从本质而言,是一种平台商整合资源的形式,借助了已有的对图书销售的大数据,"精准"定位到读者需

---

① 张弛、钟瑛:《基于大数据的出版价值链 2＋＋＋构造探究》,《出版科学》2015 年第 1 期。

求。但是,这种大数据计算出来的读者需求是否为真实需求,笔者持怀疑态度,比如经典书籍《教父》是一本畅销书,也是长销书,根据大数据统计,购买这本书的读者数量是很大的,但是再寻找作者,仿照此题材创作作品《教子》,是否依然能成为一本经典读物,答案显然是否定的。京东尝试以销售数据和读者行为数据缩小畅销题材的选题范围,笔者认为值得尝试,但是根据大数据来策划作品,再整合传统出版社资源推出短、平、快的热点图书,笔者持观望态度。

三、以传统出版社为主导的"来出书"自出版模式

2014年3月,知识产权出版社推出"来出书"自出版平台,为用户提供编辑、出版、印制、发行、营销推广等服务,截至2016年3月,已有56513位作者加入该平台。用户可以登录"来出书"网站自行注册,完成注册程序之后可以自行"创建新作",填写书名、内容分类、创作目的介绍、作者基本信息,完成内容的填报之后可以上传书稿。与国外大部分自出版平台不同,国内几乎所有的自出版网站都设置了内容审阅环节,"来出书"也要求作者的作品通过预审环节后才能签约、校对、定价,最后才可以正式出版。"来出书"的优势是缩短了出版周期,传统出版的周期约为4到6个月,而来出书几乎缩短周期至原来的三分之一。另外借助知识产权出版社的资源和渠道优势,经过三审三校环节,通过审查抽查环节之后,会授予正式书号。在分成环节,来出书的作者分成在40%左右,这要比国外自出版的分成略低,但是相对于传统出版的分成,还是提高了很多。电子书的营销活动由"来出书"平台负责,电子书的销售所得归平台所有。"来出书"平台的可选项丰富,有正式出版和个人私藏两种,正式出版的图书有正规书号;私藏出版则没有书号,而且需要支付相应的费用。为了保证作品的质量和形式规范,平台要求作者必须购买包括专业编校、排版、校

对等基础服务。(见图 4.1)

图 4.1　来出书网站首页

四、微写作与社交出版

微写作是源于微博或者微信、博客、专业网站的个人专栏的创作方式。微写作之所以作为一种特殊的文化现象被出版界关注,是因为这一方式吸引了专业作家和普通写手,甚至是任何有创作欲望的大众。出版界敏锐地发现了这一内容创作的新基地。微写作基于的平台主要是微博和微信及各类专业网站的个人网页。以微博为例,作者编辑长微博、图片、链接发布各类原创内容,通过点赞、打赏等付费阅读方式获得收益,或者作者将日常在微博中发表的言论观点集合成书,最后借助传统出版社加工成书。

例如在新浪微博的平台中,中医专家董洪涛的《微博中医之选择中医》、原安徽出版集团总裁王亚非的《一个总裁的微思考》和《非名言 微思考》。另外,这种成书方式还是专业领域专家积累思考成果和人生智慧的有效渠道,将微信和微博作为短篇写作的有效记录方式,既易于保存又可以随时得到反馈,不断修改和继续创作。这有利于专业领域的学术积累和传播范围的扩大,具有区别于传统纸质出版方式的独特作用。这种化零为整的做法,将平时写作的短篇文字集中编辑成书,也只是形式和时间问题。例如中国传媒大学范周教授的《言之有范——指尖上的文化思考》等。

微博和微信联合应用的自出版方式也会迅速积累人气,其自由灵活的收费模式也是吸引作者和读者的主要原因之一。比如民间武术练习者聂枫,通过长期在新浪微博中发表对传统武术的见解和知识,积累了大量的粉丝,又通过开设微信账号"天一道场鹿飞雪"发表微信原创文章,以讲解传统武术知识为主要内容。在微信平台发布的专业内容中,有部分文章或者有文章的某些部分是需要付费阅读的,付费的方式是通过赞赏一定价格之后再把文章全文发至读者邮箱。(见图4.2)

这种将粉丝影响力和写作创作力结合的模式,正是基于社交平台的"关系",通过转发或者评论,可以使创作作品不断扩大影响,而且易于保存。这种微写作形式虽然很少形成传统意义上的电子书或者纸质书,但是这种自我推销或者自传播的形式,培养了大量粉丝,在某种程度上说就是粉丝经济。

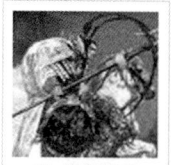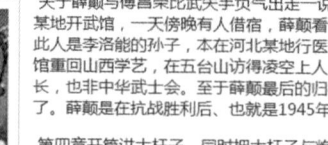

图 4.2　天一道场鹿飞雪的微信文章

其实这种微写作与出版的结合就是"社交出版"。"社交出版是将社交网络作为平台，以读者为核心，集知识共享、热点讨论、话题交流和内容积累为一体，强调分享、互动、传播、社交的全新出版模式。"①国外主要以 Wattpad 为代表，国内以"时光留影 Timeface"最为典型，作为中国首个以文化为主题的出版内容互动社交平台，仅上线公测一周就吸引数十万注册用户。它集知识共享、热点讨论、话题交流和内容积累为一体，利用自出版技术，将用户发布的网络内容几秒钟内"一键成书"，用户只需轻点鼠标即可实现线下打印。2015 年 3 月，时光流影推出"时光流影 Timeface"定制服务，用户只需登录时光流影官方网站或 App，扫描二维码绑定帐号后，由编辑帮助一键免费排版，即可很快完成自出版电子书，打印成专属于用户的自出版作品。

---

① 朱煜：《社交出版：数字化出版的新模式》，《出版发行研究》2014 年第 7 期。

五、小众题材的专业自出版

小众题材的自出版是由有共同爱好、兴趣的社群自发组织,在网络中自发建立的内容创作平台。此类平台的特征是出版物大多以短篇文章为主,有期刊、电子书等形式。以科幻爱好者的自出版平台 VICE 为例,此平台以科幻题材为主,在网络中已编辑出版了《新幻界》《极小值》《不周 BUTJOY》《异想》《新尘科幻》《科幻双月杂志》等刊物。这种自出版形式在目前国内自出版的形式中,是最具自主性的,完全体现了自选题材、自由写作、自主编辑、自发传播、自在生发。1989 年,科幻爱好者姚海军曾在黑龙江伊春自费创办科幻杂志《星云》,这一举动为科幻爱好者自发自动借助出版力量实现科幻梦想,提供了更好的合作机会和展示平台。随着网络技术的兴起和移动阅读终端的普及,"科幻自出版"又有了新的发展,这一平台中设置了"文章""视频""频道""热点话题"等专栏,在首页中通过滚动的方式展现不同时间段的"创想计划"。(见图 4.3)

图 4.3　VICE 中国科幻自出版平台

六、学术自出版的雏形——大成编客

CNKI大成编客是中国知网最新出品的"编创出版＋知识服务"平台。该平台致力于为编创者提供全流程、自助式、智能化的汇编创作平台,其主要资源就是期刊网中收录的各个类别的学术论文,经过编辑者的检索与筛选、分类与管理、汇编与创作,最后形成一本新的电子书。这一平台的优势有五点:一是具有认证的权威性,颁发"CNKI大成编客"数字认证证书;二是提供智能编创空间,提供策划、汇编、合成与发布服务,编创者可以在上亿优质文献资源中选择编辑,最快30分钟即可编创一部作品;三是开设了编客专栏,编辑者可在专栏中设计具有个人风格的页面专栏;四是提供专业互动社区,该平台倡导网络化的知识分享与学术交流社区,电子书的编创者既是知识的提供者,也是知识的发现与获取者。知网的5 000万用户是一个巨大的社交网络,在这一平台中,各领域专家、学者、爱好者、民间科研者可以实现知识的生产、交流、分享与传播;五是提供了作品的销售渠道,作品被订阅后,可直接参与销售收益分成。(见图4.4、图4.5)

图4.4　大成编客平台页面

图 4.5　大成编客平台作品展示

第二节　国内自出版特征

一、自出版的法律"擦边球"色彩明显

自出版活动出版资质管理的基础是合法性。自出版活动的合法性包含三个方面：出版主体、出版物和流通网络。根据《我国互联网出版管理暂行规定》，我国从事自出版活动的主体应是经新闻出版行政部门和电信管理机构批准，从事互联网出版业务的互联网信息服务提供者。任何单位或个人未经批准不得开展互联网出版活动。从自出版的现实情况看，并非所有出版主体都是经过主管机构批准的，"2014年1月中国互联网络信息中心（CNNIC）发布的《中国互联网络发展状况统计报告》显示，截至2013年12月，中国网站数量为320万，按出版类网站占5%计算，从事网络出版的网站就达16万个，但这其中仅有600多家出版机构获得网络

出版资质。"①另外,出版物的合法性在互联网即时传播技术的"掩护"下,逐渐淡化合法识别的"符号"。以书号为例:根据《电子出版物管理规定》第二十六条:出版非连续型电子出版物,必须按规定使用中国标准书号;出版连续型电子出版物,必须按规定使用中国标准刊号及国内统一刊号。从现实情况看,我国的自出版作品有大量属于即时创作的网络文学作品,在发布作品的过程中存在大量无书号的电子书,在自出版平台中,付费阅读的便捷,使作者无需考虑书号限制,为了保证自媒体的用户"黏性",作品的合法"标识"被部分作者和读者有选择地淡化。

书号是对出版物进行管理的有效方法之一。目前,我国是通过书号来强制性区分出版物是否合法的。我国的《出版法》明确规定,从事出版活动的必须是经国家批准的出版单位,不论数字作品还是实体作品,必须获得国家批准的书号和出版号以及进行一系列登记,而出版号是政府每年按实际需求发放给固定出版社的。这无形中使得书号成为一种稀缺资源。而自出版的主体大都不是官方认定的出版机构,我国目前又缺少与自出版相适用的法律法规。

二、部分作品内容缺失审核环节

在传统出版中,"内容审核"是一个重要的核心环节。在自出版中,自出版作品缺乏有效的内容审核机制,"把关人"缺失,出版平台、作者出于经济利益的考虑,或一味追求速度快,或由于作家本身创造水平有限,导致作品质量难以保证,鱼龙混杂。虽然目前很难对自出版物的内容质量进行明确的界定,但保证自出版物内容的健康性、可读性和合法性却是有必要的。内容审核不是限制出版自由,而是国家承担社会责任的一种体

---

① 陈奎良:《网络出版监管平台的设计与实现》,《出版参考》2014年第18期。

现。内容审核缺失有两个层次,第一个层次是对是否具有出版资格的审查,第二个层次是对出版物质量高低的审查。第一个审查解决的是"是"与"否"的问题,第二个审查解决的是"好"与"坏"的问题。自出版性质的网站在第一个层次的审查上几乎没有问题,除了关键词审查之外,只要内容形式上没有出现太过出格的问题,都会在很短时间内上线出售或者免费阅读。第二个层次其实是自出版平台中专业编辑的缺失,相对于传统出版社的专业编辑,自出版平台依靠快速更新作品积累人气和读者注意力,不遗余力地"推陈出新",所谓"萝卜快了不洗泥",在迎合一般读者需求的层面上,有时候对于作品质量的放松,好像是业内一种心照不宣的做法,因为很多作品如果不能保证更新速度,读者群就会快速流失。

三、平台功能建设尚有提升空间

国内每种类型的自出版平台自身或多或少都可能存在一定的局限性,拥有可提升的空间。对于文学阅读而言,付费行为是正常的市场规则,但是规则的制定缺乏明确标准。出版物的定价规则尚不明确,从定价数额看,有免费、0.99元、2.99元、3.99元、5元等不等。从定价主体看,有作者和平台。从定价标准看,按字数、读者关注、作者名气等不同标准定价。无论从定价主体还是定价标准看,都缺乏一定的依据。如果在传统出版社中发表过一些优秀作品的作者转移到自出版平台中,那么他的"议价权"应该相应增加,但是从现状看,除非是平台的营销需要,否则并没有哪家自出版平台会根据作者的个人情况酌情考虑定价。假设作家莫言想尝试自出版平台创作作品,但是看到页面设置中的固定定价只是从0.99元到5元不等,那么他有犹豫的心理是很正常的,因为诺贝尔文学奖获得者的作品还需要和一般新手作家一样,无论是读者还是作者自己都会感到"不公平"。这种定价权和定价功能的缺失,仅是自出版模式亟待完善功能中的一小部分,专业编辑软件的缺失、专业编辑团队的缺失等,都需要自出版平台做全面的测评和完善。

四、有影响的"自出版"作家和网络编辑队伍尚未形成

回顾网络文学自出版的发展历程,中国第一代网络作家主要是"60后"和"70后",他们中比较知名的有痞子蔡、李寻欢、安妮宝贝、慕容雪村等。随着"80后"的成长和网络技术的发展,网络写作在十多年的历程中从初期萌芽到逐步走向成熟,但与中国庞大的自出版作家数量相比,能脱颖而出产生较大影响力的作家所占的比例还是很少的,总体来说中国有影响的自出版作家队伍尚未形成。

在2014年10月15日召开的全国文艺工作座谈会上,花千芳、周小平两位年轻的网络作家曾被习总书记"点名"。这两位网络作家拥有"传递正能量、弘扬中国梦为主基调"式的独特写作风格,在网络上吸引了大批粉丝。全国文艺工作座谈会能够邀请两位具有网络影响力的年轻作家参会,也说明了国家需要有能够引领网络正能量、构建网络新格局的网络作家新力量和中坚力量。面对部分文学作品"有高原,缺高峰"的现象,网络技术平台的不断完善和丰富,使作品的传播速度和传播范围得到空前拓展,中央也看到了网络文学的巨大影响力和发展空间。2015年中共中央印发《关于繁荣发展社会主义文艺的意见》,强调了要加强网络文学队伍建设,其中就包括对网络文学作者和网络编辑的具体要求。在相当长的一段时间内,网络文学队伍一直欠缺传统出版单位式的管理制度、考核标准,存在专业知识欠缺、人员流动性大等问题。仅仅依靠自律的网络创作群体经过漫长的摸索期后在最近几年出现了精品力作"井喷"的现象。在2015年第九届茅盾文学奖中,有三家文学网站推荐了《战长沙》《战起1938》《文化商人》等五部网络文学作品,显示出网络文学也能出伟大作

品、伟大作家的趋势。

网络的便利性是需要时间成本的,很多作家既有的创作习惯使他们与网络保持距离。例如很多作家喜欢手写,然后让有多年合作关系的出版社录入。还有很多作家对网络作品的评价不高,认为网络作品的文化含量低,多是年轻人试探性的创作。自出版尽管提供了网络平台的各种操作指南、版税优惠、专属服务等,但很多与传统出版社有长期合作的作家还是更愿意将作品交给出版社出版。导致自出版作家影响力有限的原因是多方面的,除了缺少传统出版机构编辑的组织协调,不能围绕某个重大项目形成一支高度组织化的作者团队之外,还包括中国的作家缺少多面手等因素。

另外,网络编辑的问题在自出版环节中还未得到重视。任何能够诞生伟大作品的载体或者平台,都离不开伟大的编辑。互联网和大数据时代的网络编辑欲实现从卓越到伟大的蜕变,必然要"欲戴王冠,必承其重"。自出版领域的编辑,看似"位居幕后",其实"重担加身"。《算法也有不靠谱的时候,人工编辑占领社交媒体》《算法虽好,人工编辑宝刀未老》等文章时现网端,在新的出版环境中,编辑需要具备更强的数据获取能力、数据解构能力与构建能力、跨媒体整合能力,能够在海量的数据中发现丰富的相关性,具备准确的预测性,还要在新的环境中具备生产要素的管理能力。

五、与英美自出版专业化发展路径不同,国内自出版主要依托传统出版社

国内大部分自出版属于传统出版"锦上添花"的项目,并不像CreateSpace、Smashwords、Lulu Enterprises Inc等专业化出版巨头那样,从专业化路径一路走来。国内自出版无论是知识产权出版社的"来出书",

或是时代出版打造的"时光流影 Timeface",都依托于传统出版社的影响力和编辑资源。可以说,无论书号资源的使用限制是否存在,国外的自出版是传统出版社之外的专业力量在传统出版社筑起的堡垒中的一次"突围",而中国的自出版多是借助传统出版社筑起的平台,完成数字出版背景下的生产力的"升级"。

另外,欧美国家的 Facebook 和 Twitter 等社交媒体的迅猛普及,使学术出版和专业出版表现出自出版的"苗头"。周怀北教授在北京香山举办的"第二届国际数字出版大会"上表示:"科学研究的高手在民间,在网络这个观点公开市场上,科研人员可以直接发表意见和研究成果,未来的科研出版过程可以实现标示化。"通过社交网络提供的平台,科学研究的壁垒逐渐消融,社交媒体使用户表现出"小众化、专业化"的长尾存在。而在国内,受发表论文与职称评定挂钩等因素的影响,需要纸质期刊发表文章来验证科研水平和科研成果,国内学术自出版的创新性还没有呈现出"大踏步前进"的明显趋势。

第三节 国内自出版的优势

一、出版文化价值优势

自出版将深度挖掘出版文化价值,"从价值的存在形态可将出版文化价值分为物质价值、精神价值和制度价值。出版文化的物质价值是人们运用一定的生产工具在出版活动中创造的能够满足编辑、复制、传播精神文化产品的物质需求。出版文化的精神价值是指客体与出版人的精神文化需求之间的效用关系。出版文化的制度价值在规范出版人的行为、满足出版人出版需要的同时,形成了特有的规制。"①

创造出版文化价值通常通过三个途径,一是编辑环节,二是复制环节,三是传播环节。自出版在三个环节中,都以创新的形式丰富和深化了出版文化价值。在编辑环节,自出版的作者"受让"了在传统出版中的部分编辑权,例如中国知网的"大成编客",作者完全可以按照自己的逻辑和脉络,借助知网的论文资源,创建起一本完全由自我编辑的学术书,无论多么小众,这种"编辑权全部在我"的形式,让作者以更主动和主导的姿态出现在出版文化价值创造环节中。在复制环节,自出版的电子书平台可以快速复制作品,在网络技术条件下复制几乎不是问题,即使是纸质书,按需印刷技术也不会增加作者更多的成本。在传播环节,自出版作者和自出版平台的社交网络,都能加快作品的传播速度,以粉丝作为基础的自出版社群也能让作品的传播覆盖面更广。

文化价值创造内容体现在三个方面:文化积累、文化创新、文化传播。"社会的文化积累反映的是社会所拥有的文化内容的总和,而出版活动是针对社会上已存在的有价值的文化成果进行的复制与发行活动,这种文化成果可能是历史上已存在的出版物,也可能是人们新创造的并记载下来的文化成果。"②中国的很多民间文化几乎失传,有很多可以借助口述史流传下来的资料以自出版的形式完成,因为作者主导出版全过程,所以在创作环节,作者可以保留尽量"原生态"的文字和叙述形式。在文化创新方面,更多地体现小众选题的出版。"长尾效应"激活了小众书出版,有利于创造多元文化。在传统出版社,如果作品内容不被编辑看好,或者作品出自一个没有名气的作家之手,在考虑到经济利益的情况下,这部作品是根本不可能面世的。文化从来都是包容的、千姿百态的,但出版商的眼光却往往把文化局限在很小的能够帮助其盈利的部分。而自出版给了作

---

① 董中锋:《论出版文化的价值》,《现代出版》2015年第6期。
② 张晓军:《出版活动的文化积累与文化传播辨析》,《孝感学院学报》2012年第2期。

者创作自由，因为作者的个人偏好不同，最终形成的作品的类型就比较广泛，诗歌文论、个人传记等都会有它们存在的市场。有了自出版平台，有些作品虽然销售量和阅读量有限，不能创造巨大的利润，但是它却可以满足一部分有着相似的文化品位和追求的人的实实在在的文化需求。这样，通过自出版，任何小众的作品、任何被时代湮没的好作品都有可能被人们看见而成为文化里闪光的一部分。从这个意义上说，自出版使得书籍的多样性发生了变化，充实、丰富了当下文化的形态，吸引了更多的人从事文化生产而不只是单纯地文化消费。在自出版领域，文化传播成为了出版的本质属性，在网络时代诞生的网络自出版，先天有互联网基因，而且在2015年的数字出版产业报告中，我国的数字阅读率首次超过了纸书，这说明数字阅读的习惯已经建立，而电子书的传播速度要明显快于纸书。在自出版平台中，电子书的成书要比纸书简单很多，这就保证了电子书的生成和传播速度要远远快于纸书。

二、政策优势

"互联网＋"和大数据重塑了数字出版的发展环境。2015年国家相继出台的《关于积极推进"互联网＋"行动的指导意见》《关于促进大数据发展的行动纲要》《中共中央关于繁荣发展社会主义文艺的意见》等文件，聚焦到数字出版产业。国家新闻出版广电总局和财政部联合发布的《关于推动传统出版和新兴出版融合发展的指导意见》，明确了数字出版"融合"的方向和路径，将在"内容生产创新、加强平台建设、扩展内容渠道、拓展技术业态、完善经营机制、发挥市场机制作用"等方面进行重点突破。"2015年国家财政下达文化产业发展专项资金50亿元，共支持项目834项。其中用于推动出版业数字化转型升级的项目增加，由2014年的77

项增加至 2015 年的 98 项。"①

为了推动网络文学健康有序的发展,国家新闻出版广电总局 2014 年年底印发了《关于推动网络文学健康发展的指导意见》,在为自出版提供良好的市场环境、推动自出版的内容投送平台建设、提高自出版作品质量和内容监管等方面提供了政策依据。2016 年 3 月 10 日,国家新闻出版广电总局与工业和信息化部共同发布了《网络出版服务管理规定》,规定中"网络出版服务"指通过信息网络向公众提供网络出版物,"网络出版物"是指通过信息网络向公众提供的,具有编辑、制作、加工等出版特征的数字化作品。自出版的作品和服务亦在其中,从政策的推动力和约束力两个方向看,自出版的发展将日益规范。

政策的推动加快了自出版相关产业项目的落成。自 2008 年 7 月首家国家级数字出版产业基地——上海张江国家数字出版基地挂牌以来,截至 2015 年年底,全国已有 14 家国家数字出版基地。2015 年 3 月 26 日,杭州国家数字产业出版基地正式挂牌。2015 年 6 月 5 日,江西国家数字出版基地挂牌。2015 年 11 月 23 日,全国 14 个国家数字出版基地中唯一的民营园区——江苏睿泰数字产业园在镇江国家高新区开园。数字出版基地的建成和运营,为地方发展数字出版提供了更多的机会和平台,在数字内容生产、技术应用创新、出版人才培训、版权集中运营等方面,数字出版产业基地服务于自出版等创新平台的作用将日益凸显。

三、自出版的发展基础好,发展后劲大

所谓自出版发展基础好,是指中国的自出版大多是借助传统出版社资源,在传统出版社数字化转型升级的基础上延伸出的新业务。大部分

---

① 王飚:《2015 年数字出版:收官之年亮点频现》,《中国新闻出版广电报》2015 年 12 月 4 日。

传统出版单位转型,选择了成立数字出版部门的方式。借助于传统出版资源和新技术手段,联合新的渠道资源,以实现合作共赢的目的。2015年转型示范单位已达到170家。在这些转型示范的传统出版单位中,有部分机构选择了成立数字出版部门,再加入联盟的方式,实现转型突围。人民出版社、商务印书馆等出版单位成立了"中国数字出版联盟";众书网等单位共同发起,成立了"中国学术数字出版联盟"。知识产权出版社的"来出书"正是借助传统出版社的选题资源、作者资源、编辑资源,实现了自出版业务的快速增长。如果作品能够充分吸引读者的眼球,触动他们的内心,满足读者的阅读需求,又能调动读者的积极性,使得读者能主动地在其人际网络中分享所阅读过的作品,让自出版的作品呈现核辐射式的传播和扩散,被快速复制传向数以万计、百万计的受众,那么,自出版作品就能够得到广泛、快速的传播。

四、自出版需求市场已经形成

从2015年IP市场的火爆程度可以发现中国文化产业对于优质原产内容的渴求。截至2015年6月,网络文学用户规模为2.85亿,占网民总数的42.6%。巨大的网民基数培养了依靠粉丝力量的IP经济。2015年网络文学改编影视作品市场十分火爆,IP概念持续热化,使用IP改编的游戏和影视剧占比迅速提高,优质的网络文学IP价值越发显著。4月《何以笙箫默》的电影版权被光线和乐视影业竞相追捧;7月《花千骨》的手机游戏版权纠纷将多家公司卷入其中;10月《新鬼吹灯之摸金符》的网络剧版权再次掀起争抢风潮。不仅是社会资本对网络文学的兴起予以关注,越来越多的互联网公司对网络原创文学内容的追求也已呈"燎原"之势。4月,国家新闻出版广电总局启动重点网络文学网站作品阅评。阿里巴巴推出新业务阿里文学,以内容生产、合作引入以及版权产业链的双向衍生为主。4月30日,凯撒(中国)股份有限公司发布公告,拟以自有资金5.4亿元收购杭州幻文科技有限公司100%的股权。11月湖南电广传媒股份有限公司宣布以7.95亿元的价格,收购成都古羌科技79.25%的股权,内容原创网站的估值再创新高。产业之间基于资本、版权、渠道的合作日益深入,数字版权运营开发、创新盈利模式等方面的合作正在逐步形成。

第四节 国内自出版管理的问题

一、内容管理:内容结构单一,质量参差不齐

自出版的内容审查环节缺失,既是自出版吸引作者加入的因素,同时也是影响自出版作品质量的因素。在无严格把关机制的自出版平台中,完全依靠作者自己把控作品质量,势必造成作品质量难以得到保障,甚至会不断下降。仅以市场导向为目标的自出版,似乎从诞生之日起就有了"阿喀琉斯之踵",如果没有较强的监管,内容之殇将会继续伴随着自出版的发展。

自出版作品的内容结构单一。网络自出版是在网络数字化时代诞生的,有着鲜明的互联网特征,可以让更多的传播权和阅读权从富人专属到平民共享,网民的参与决定了自出版的海量作品。根据第35次互联网报告,我国网民以10—39岁年龄段为主要群体,比例合计达到78.1%。网民中具备中等教育程度的群体规模最大,初中、高中/中专/技校学历的网民占比分别为36.8%、30.6%。自出版作品从标题到内容都有鲜明的网络文学特征,而且内容为了迎合以中等教育程度和学生群体为主的网民,作品的内容多以玄幻、武侠、都市言情等为主题,且作品中掺杂暴力和色

情内容,这对成长期的青少年读者会造成极大的负面影响。

二、版权管理:网络侵权时有发生

网络侵权问题有三个方面:一是"免费"转载下载问题突出。从自出版的发展现状看,"免费"已成为成功的商业模式之一,如亚马逊定期会推出相当比例的免费电子书用以支持 Kindle 阅读器。这一模式是将内容免费作为吸引注意力的源头,充分抓住互联网用户即资源的特点,以此增加用户数量,扩大影响力,但同时就难免会牺牲掉内容价值。这一模式在互联网经济发展初期起到了重要的推动作用,扶植起了互联网的发展。但目前互联网收益已日渐丰厚,继续过于无序使用网络版权,会伤害到原创精神,影响到有价值知识的创造。二是现有法律法规无法涵盖近年来新出现的网络传播行为,且对很多情况下网络服务提供商的行政责任没有作出明确规定。三是新技术的发展不断给执法工作增加难度。随着深度链接、云计算、网页转码、网页快照等新技术的兴起,自出版的侵权者常以技术中立为名义进行网络侵权。

三、行业管理:主体缺失

自出版的发展过程中长期伴随着虚假信息和低俗信息。在自出版平台中发布的读物,有很多涉及暴力、色情、玄幻等。对于电子书内容审核,部分自出版平台都游走在"灰色地带",在提交作品审核时,都会有把关人,但是却没有真正起到把关作用。受市场需求影响,带有低俗信息的读物充斥着电子书市场。在欧美自出版市场中,即使已经具有相对成熟的运作和监督机制,但是还是会有"打擦边球"的作品不断涌向市场,例如《五十度灰》电子书中的敏感内容和后期改编电影,都倍受争议。

美国的自出版在自我审查的基础上,同时接受美国出版商协会的管理。美国出版商协会是美国出版业中最大、最重要的一个行业自治组织,协会有 322 个团体会员,其中出版公司 178 家、非营利组织 59 家、大学出版社 33 家、其他成员 52 家,下设专门的版权委员会来处理版权纠纷和查禁盗版,还加入了促进版权国际保护的国际知识产权联盟,其工作重心就是防止会员的知识产权包括版权在国内、国际市场和网络空间遭到盗窃。这样的行业版权保护工作弥补了美国政府和法律在图书版权保护方面的漏洞和不足。

在我国,除了自出版电子书中的内容问题,部分自出版的运营者还在以片段化、碎片化的方式传播不良内容。2013 年《网络文化经营单位内容自审管理办法》正式生效,将"原先由政府部门承担的网络文化产品内容审核和管理责任更多地放权交由企业承担,政府的任务转变为事中的巡查和事后的核查、处罚。"这对于繁荣网络文化,特别是对网络文学的创作有极大的推动作用。但是,仅仅依靠网络文化企业出版前的自审自查,难免会出现对不良信息的疏漏。部分自出版平台的经营者受经济利益影响,传播内容中不仅有低俗信息,有时还会根据热点新闻自造"事实",这样的做法不仅会影响青少年群体,甚至还会影响社会舆论,给互联网舆论生态造成极大的破坏。有部分经营者在进行出版活动的同时,以碎片化的方式传播代购、相亲、团购、自助游等广告信息,实际是借助自出版影响力进行传销、色情、售假、诈骗等非法活动。

四、作家群体:有待培养和引导

自出版强调作者个人的自主性和创造性,因缺少了传统出版社编辑的组织协调,自出版作者与传统出版社的作者相比,灵活性和自由度都有增加,但同时也缺少了传统出版社对作者的指导和部分服务,这就使得自出版作家队伍不易形成,或者说,自出版作家只是名义上的"作者",他们的作品是昙花一现式的即时创作,或者是满足"虚荣出版"的一个载体,这些作者与真正意义上的作家或者与传统出版的作者相比,有很大差距。尤其在严肃题材或者专业学术题材的作品中,缺少了传统出版的组织功能,自出版的作者在独自创作的过程中显得"势单力薄"。

五、渠道管理:运作不畅

目前,我国自出版平台的营销环节还极为薄弱,与美国相比,中国的自出版平台更多依靠网站影响力和长期培养的用户口碑,极少与社交网络或者电商平台"配合作战",其实,淘宝、京东等电商平台以及新浪微博等社交媒体,都具有极大的传播影响力。有很多自出版作品只是在"圈子"内部交流或者出售,自出版要有更大的市场突破,必须借力"互联网",依靠互联网的主动传播和粉丝经济扩大读者群。

第 5 章
英美自出版管理经验借鉴

本章将从产业链的角度分析英美自出版产业链的管理和运行。具体而言就是分为两大部分：一是产业链关键环节的分析，即将整条自出版产业链做分拆，按照产业链分解的不同维度，尽量逐个分析产业链中的关键环节和主要影响因素，把英美自出版的产业链放置在"显微镜"下做尽量细致的分解。二是产业链整合，即整合整个自出版产业链从横向一体化、纵向一体化、产业链融合等角度，把英美自出版产业链放置在"望远镜"中做尽量全景式的扫描，对自出版影响因素和临近产业做全方位的梳理。

产业链是一个产业自动自发产生的生产变革，其本质是组织生产方式的变革，产业链发展和整合的目的是降低各个环节之间的交易成本，自出版产业链也是一样。不经意间，自出版产业链已经完成了一种动态重组，与传统出版编印发和数字出版的多环节不同，自出版甚至将产业链直接简化为"作者—平台—读者"。在平台这个环节中，它体现出一种议价能力向读者倾斜的趋势，但是这种特征还不明显，因为任何行业的产业链变化都是一个动态的过程,在目前自出版的发展阶段中,找寻自出版产业链中的关键环节(关键节点)是重中之重。另外,自出版产业链也在不断整合之中,无论是纵向的延伸还是横向的拓展,自出版产业链都正在创造多种可能性。本章将主要总结英美自出版产业链的管理经验,以期能给中国自出版产业发展提供借鉴。

第一节 自出版产业链分析——找寻自出版关键环节

一、内容提供者:利润空间和角色转换提供了巨大的吸引力

作为内容提供者的作者,动机和问题都集中在利润收入环节。在传统出版产业链中,只有具有相当影响力的作者才会得到可观的市场回报,而在自出版的产业链中,利润是作者参与的第一吸引力。在自出版发展过程中,市场中流传着很多关于自出版明星作家的故事,英美自出版市场中的《五十度灰》《赌注》《浓情似血》等,都在刺激着有创作能力的阅读者或者已经成名的作家。这样的利润和机会是否预示着,自出版能够给更多人提供成为职业作家的机会?

虽然自出版发展如火如荼,但是只作为内容提供者的作者,如果想凭此作为职业,数据显示还是机会渺茫。"中文在线"翻译的基于亚马逊网站售书数据的《2014年自出版作家收入报告》指出:"这是否意味着吃作家这碗饭就可以成为一种选择呢?很多满怀希望的作家在书店浏览书架时看到了成百上千本图书,所以误以为很多人都能靠当作家谋生。不过现实是残酷的:大部分作家都不能靠写作维持生计。"[①]

---

① 《自出版收入报告》,http://blog.sina.com.cn/s/blog_68d974510101lnyz.html.

(一)自我实现的心理需求

在自出版的作者中,大部分都有被传统出版社拒绝的经历,但是,作者对待自己作品的态度,犹如父母对待新生儿,不仅仅是充满期待,更是一种需要被承认、被尊重的内心需求,简言之是自我实现层面的需求,自出版作者内心充满了激励——一定要让作品面世,并且坚信作品一定会获得读者的喜欢。

自出版的存在给不能通过传统途径出版图书的作者们带去希望,"Smashwords 的创始人马克·柯克(Mark Coker)及其妻子莱斯利(Lesleyann),就有过被传统出版社拒绝的经历,为了让他们的小说《电视》真正出版,才创立了自出版平台 Smashwords,而今这一平台已然成为苹果最大的内容提供商。除了实现作品面世的心理需求,更带给了他们丰厚的经济回报,当然,这也是自我实现的一部分。马克·柯克及妻子用了一年时间撰写了讽刺小说《电视》,出版商却担忧这本小说的销售。两年时间内经历的数次修改和十多次被回绝,让柯克及妻子已经没有了选择。'商业价值是评判一本书好坏的危险方法。'他说,'这意味着你将看到更多的金·卡戴珊(Kim Kardashian)所写的书籍,而不是未被发掘的、有可能写出未来经典著作的作者所撰写的书籍。'柯克没有坐以待毙,而是自己创业,在 2008 年 5 月成立了自出版电子书经销商 Smashwords。

"在 Smashwords 创建后的 7 个月里出版了 140 本书,虽然这个数字令柯克兴奋不已,但销售却令他大失所望。在销售较好的时候,该公司通过其网站出售了价值 6 美元的书籍,而自己只能获得 1 美元多点的收益。第二年,柯克转而采取分销模式,向零售商提供 30%的佣金以换取电子书架上的空间。在几个月的时间里,Smashwords 和四个主要合作伙伴达成了协议。2010 年 1 月 iPad 发布时,该公司的 2200 本书籍首次亮相 iBook 商店。此后,Smashwords 以稳定的速度增长,2010 年 9 月实现了盈利,现在已经成为 iBook 商店最大的电子书供应商。2012 年的营收约为 1200 万美元,是 2011 年的两倍。"①

(二)传统出版社的审查障碍

这些类似"逼上梁山"的作者经历说明传统出版社对于一些新作者确实设立了较高的门槛,这些门槛对于文学体裁的作品,有时候显得不近人情,在编辑看来有些小众的作品不会被市场接受,但是,在数字网络技术迅速发展的时代,文学作品的传播是可以迅速形成品牌的,并能够依靠网络的"口碑传播"②扩散其影响力,对于部分传统出版社而言,审查制度的严苛或者编辑的个人选择会让自出版内容提供商另觅他径。

(三)从被管理者到管理者的角色变化

自出版产业链中,作者身份的变化是自出版与其他出版模式的根本不同,作者的主动性得以激发,这种主动性体现在对专业自出版平台的自由选择、对作品的自由创作、对书籍内容的自由加工、对书籍营销的自由创造、对利润分成的自由把控、对灵活定价的自由支配上,总之,在作品创作和投放市场、赢得利润的全过程中,作者的意志得到了最大化的实现,作者的选择成为了新的出版模式下的唯一标准。

从被管理者到管理者的角色变化,使作者群体通过协作、交换、领导等社会联系方式,将整条出版产业链变为作品内容的延伸渠道,使其他环节中的技术要素、生产要素、经营要素成为了内容要素的扩充和延伸,这很像麦克·卢汉提出的"媒介是人的延伸",自出版这种放大和延伸作者

---

① Smashwords 苹果最大的内容提供商,http://www.forbeschina.com/review/201206/0017641.shtml.
② 百度:口碑传播,http://baike.baidu.com/link?url=SuWzCOhG9lMM0XsTZMLNezQrut3oVHCKTq3XgTkaRyPbbAz7X1fW4Pwu0uio67ToncwIhFWlqBHAE6M8PZjZla.

权力的模式,几乎可以将作者的影响力延伸到极致。尤其是在网络自出版中,作者一呼百应的粉丝影响力,加之网络技术提供的组建社群的便利,几乎可以使有优秀作品的作者一夜成名。

被管理者和管理者的角色变化,体现了自出版产业链上"职业分工复杂化"和"管理职能简单化"的同一性。职业分工复杂化是指作者这一群体不同于其他职业的特征,他与软件设计者、广告设计者有着明显不同的职业分工;管理职能简单化是指作者对作品生产、编辑、销售、反馈信息收集等环节的管理与其他产品生产的管理并无差异。职业分工要求作者在内容创作上越来越趋近于"专家",这种"专家"趋势和要求会使作者群体与其他职业做出明显区分,职业的细化也就造成了职业的多元化、多样化、复杂化。而自出版产业链的延伸、扩展和整合,要求作者在整条产业链上的作用越来越大,他的管理职能几乎与一名 CEO 别无二致,这种趋势又要求作者成为一般意义上的管理者,他的管理职能与任何一家企业管理者的管理本质并无任何差异。正像《哈利·波特》作者罗琳创建的 Pottermore.com 网站,不仅提供了一个直销渠道,同时也建立起一个社区,构建起与粉丝的关系网络,帮助罗琳更好地向粉丝提供服务。罗琳更像是一个具有个人演艺公司的摇滚明星,她既是舞台上的"明星歌手",同时又是演艺公司的"CEO"。

二、自出版平台运营商:为作者提供"自定位+自定价+自选题+自编辑+自营销"的综合平台

平台运营商在自出版产业链中居于中央位置,负责帮助作者将产品传播到消费者手中。自出版产业链中的平台提供商更像是一个连接体——包含了技术提供商、网络服务提供商、平台提供商、金融服务商等多个要素的连接体。其中,技术提供商是实现内容数字化以及数字版权

保护的技术力量,网络服务提供商是网络用户链接Internet的入口和桥梁,平台提供商从内容管理、后台创建、内容发行、产品营销、终端适配等各个方面帮助作者完成自出版,金融服务商为作者获取利润提供相应支持。

(一)"自定位"——作者对作品质量和个人能力的定位选择,决定着运营商的商业模式

这种自定位是双向选择和双向定位的结果,不仅仅意味着作者的自身定位,同时还意味着自出版运营平台的自身定位。虽然经济学中也有"供给创造需求"的理论,但是,自出版产业链中能够清晰可见的还是"需求创造供给"。在作者需求构成多元的、复杂的坐标中,自出版平台找到了清晰的适合平台优势的准确定位。以"付费"与"免费"两种服务模式的选择为例,可以清晰看出平台运营商的定位意识。在第二章所提及的《美国自出版报告》中,Smashwords和亚马逊旗下的CreateSpace都占有巨大的市场份额,而两者的服务模式分别为免费和付费。Smashwords的定位就是免费电子书业务,作者在此平台中免费出版电子书,通过销售分成获得利润。在Smashwords平台中除获得销售分成之外,平台还会向大型网络图书销售平台推荐获得销售分成。如果作者还有深加工图书的需求,Smashwords则会推荐作者选择一些其他公司专门设计和编辑。而亚马逊旗下的CreateSpace则在自出版作者的成书过程中加入了收费项目,通过编辑流程或者美化设计等收费环节获得利润。这种定位依赖于提供服务而非提供产品,主要是瞄准了作者对于提升作品质量的需求。当然,亚马逊自身具有的庞大的读者群也是吸引作者的一大原因。具有相似定位的还有LuLu和ASI,它们都提供收费的出版服务项目,同时再与作者进行销售分成。作者可以根据自身的创作需求和编辑能力选择出版平台,又可以考虑自身的经济支付能力选择是否收费的项目,简言之:

作者的自我定位决定着对平台运营商的选择,而这种多元的选择又造就了运营商的发展方向,作者的需求和定位越是精准和多样,平台运营商的服务就越专业和多元。

(二)"自定价"——平台为作者对作品定价提供多种选择

定价决定着作者的利润分成,从第二章美国自出版的平台成书操作模式中可以看出,CreateSpace、Smashwords、Lulu Enterprises Inc、ASI等排名靠前的自出版平台都是具有"自定价"环节的,从 0.99—9.99 美元不等的电子书定价都完全由作者自己选择。不同的自定价区间也决定着不同的版税分成。例如:亚马逊平台对于定价在 2.99 美元以下或 9.99 美元以上的自出版电子书,只支付 35% 的版税,对于那些定价在 2.99—9.99 美元之间的电子书,作者则可以获得 70% 的版税。而 Smashwords 的作者不仅完全掌握定价权,还能在 Smarshwords 平台上获得平均净收入的 85% 作为版税,另外还有可能在有合作关系的其他零售平台上售书,如 iBookstore、巴诺书店、索尼等,作者还将拿到定价的 60%。有学者统计自出版作者在几大自出版平台中的分成比例,见表 5.1。

表 5.1 自出版平台分成比例

自出版平台	图书形态	作者分成比%	平台分成比%
LuLu	纸质书	80	20
CreateSpace	纸质书	80	20
LuLu	电子书	90	10
Smarshwords	电子书	85	15
KDP	电子书	70	30
豆瓣	电子书	70	30

来源:朱凤:《自助出版商业模式研究——以美国为中心》,上海师范大学 2014 年硕士学位论文。

从表5.1可见,作者自出版纸质书所获得的最高收益是90%,这正是由于作者在自出版的成书环节中投入了比传统出版更多的时间和精力,也就是说凝结了作者更多的劳动成本和智慧,依据基本的投入产出关系,作者获得较多的利润也在情理之中。

(三)"自选题"——平台赋予作者对作品内容的最大自由权力,这对于网络时代的知识传播和创造具有颠覆性的重大意义

本书大部分的内容以大众出版的一般内容作为主要论述对象,而自出版颠覆传统出版的更大更深远的影响在于——作者的自选题是跨越了学科和研究范式的限制的,也就是说,作者在自出版平台中出版的书籍,有可能在科技创新的学术自出版领域掀起革命性的突破。美国德州大学奥斯汀分校的"修辞与写作学"教授克莱·斯皮纳兹(Clay Spinuzzi)在美国麻省理工学院出版社和剑桥大学出版社已经出版了两部学术专著,他的第三本学术著作《拓宽视域:如何研究、诊断和修复组织中的信息流》(*Topsight: A Guide to Studying, Diagnosing, and Fixing Information Flow in Organizations*)则是在亚马逊的自出版平台CreateSpace出版的。在自出版的流程中,越来越多的数字化人文主义者将他们的研究成果分享和发布在网络中,其重要的意义在于分享学术研究的全过程。"比如发布各种未经编辑的原语言;展示编辑、排列元数据的过程;呈现所收集的原始数据、文本注释等。由此看来,富有数字化、多模式化、社会化和动态性特征的学术研究确实已不适合(也无法)通过纸张打印出来。弗吉尼亚大学人文技术研究机构的杰罗姆·J.麦克甘(Jerome J. McGann)和他的同事们很早就通过'罗塞蒂存档'和'第六十号项目'验证了这一点。"[①]

[①] 《学者通过自助出版平台可以日进斗金》,http://www.iqilu.com/html/yuedu/zixun/2013/0603/1551923.shtml.

在国内，虽然没有这种严格意义上的学术自出版，但是值得一提的是，很多具有传统文化特征的，又具有部分学术研究意义的内容，已经在网络中露出萌芽。比如以中医、武术、风水、烹饪为主要内容的电子书，先在微博等平台发布，吸引大量关注之后，再与传统出版社合作。在新浪微博中，上海中医药大学医学博士董洪涛将日常中医研究的心得体会积累发布，在粉丝和同行的影响下，出版了微博中关于中医内容的《选择中医》和《微博中医之选择中医》。

这种自选题带来的学术领域创新，将在网络技术的推动下，越来越具有吸引力和生命力。在作者自选题、自发布等出版流程中，真正实现了学术交流民主化，也就是国内很多学者提出的"很多的科研高手在民间"。在学术自出版成为可能之后，开放存取运动和在网络中权威发布研究过程——将使学术资源最大化地共享，这距离学者自行创立"学术期刊"或一家"学术出版社"已经为期不远了。

(四) 自编辑——平台为作者提供了多种自主编辑的选择

从传统出版的作品"被编辑"，到自出版环节中的作者主动要求"自主编辑"的巨大转变，自出版平台运营商将"编辑个人"变为"编辑群体"，原本一对一式的编辑服务，在自出版平台中，变成了由专业的编辑团队服务一个人的情况。在英美国家的自出版平台中，部分作者只是绕过了传统出版社的环节，但是并没有绕过编辑环节。与传统出版相比，自出版的编辑位置更加趋向"幕后"，分工更加精准，将作品附加值较低的环节设计成为编辑软件（校对）或者固定模式（封皮设计），而在作品整体质量把控和营销设计中，加强编辑的作用。从收费的编辑环节分类可以看出，自出版对编辑的分类更加细致，含封面修饰、编辑评估、文本编辑、字里行间编辑、内文逻辑编辑、附加内文修饰、开发性编辑（见表5.2）等。从笔者登录的几个美国自出版平台来看，以前的一对一编辑，在自出版流程中似乎变成了编辑团队的"配合作战",编辑对内容质量高的作品的投入更加巨大,从登录网站的那一刻开始,就已经有编辑负责跟踪每个流程了。

表 5.2 自出版部分编辑项目及收费标准

编辑项目	收费标准	内容
封面修饰 (Cover Copy Polish)	$249	由专业市场人士帮助作者构思一个符合图书内容又能引发读者兴趣的书名,并对作者介绍、图书简介作进一步修饰。
编辑评估 (Editorial Assessment)	$0	编辑人员对书稿进行 1700 字左右的抽样校对,负责检查文字、语法的正确性,作者在两到三周后收到部分修改过的手稿及修改意见,如作者觉得有必要进行全文编辑,可以购买编辑推荐的服务。
文本编辑 Copy Editing (5000 字以上)	$0.023/字	编辑负责仔细检查作者的书稿,纠正单词、语法、标点上的错误,核实前后文的一致性,并调整内文格式使其符合业内的基本标准。
字里行间编辑 Line Editing (5000 字以上)	$0.037/字	针对问题较多的书稿,除了单词、语法、标点上的修改外,还需要对文字、语句做修整,使语词达意、语句通顺。
Content Editing 内文逻辑编辑 (5000 字以上)	$0.044/字	除去字词修饰,内文编辑更加关注文本细节,比如虚构类图书的情节、人物、场景是否前后一致,非虚构类图书使用的资料与表达的想法是否契合。
Content Editing Plus 附加内文润饰 (5000 字以上)	$0.053/字	针对翻译稿件和母语非英语的英文稿件所推出的编校服务,专注字句的梳理。
Developmental Edit 开发性编辑服务 (5000 字以上)	$0.081/字	编辑组合服务:Copy Editing + Line Editing + Content Editing(文本编辑+字里行间编辑+内文逻辑编辑)

(五)自营销——平台的营销环节需要与作者的社交网络深度融合

"自出版"作者广泛利用 Facebook 和 Twitter 等社交网站展开图书的营销攻势。目前我国自出版平台多数由技术提供商转型,后来有电商加入其中,当当和京东的读者或者消费者购买行为的大数据,有助于建立个体阅读行为分析模型或者进行趋势分析,这对选题开发十分重要,但目前大多处于投入阶段,实现赢利的并不多。

三、硬件提供商:数字化内容决定着阅读终端的创新趋势

在自出版产业链中,电子书阅读器或者其他移动终端将扮演越来越重要的角色。互联网时代的自出版将呈现出"海量内容"向"集约内容"的转变。所谓海量内容是指,自出版内容将从最初的鱼龙混杂、泥沙俱下到越来越有品质和水准。通过平台和读者口碑的过滤,加之网络服务商对读者数据的分析,内容推送更加精准,自出版的内容数据重新结构化,从文字、图片到 flash,再到视频和动画等,例如亚马逊的自出版已经推出图画自出版板块。

四、传统出版社:自出版与传统出版的融合路径依然模糊

如何在传统出版和自出版之间搭起一座桥梁?英美的传统出版机构似乎也在探索之中。从近五年的融合状态看,依然没有找到能够顺利链接传统出版和自出版的"畅通桥梁"。这方面的实践,最为典型的就是培生集团旗下的企鹅出版集团与自出版平台 ASI 的分分合合。2012 年 7 月,培生集团以 1.16 亿美元现金收购了 Author Solutions(ASI)的自出版公司,这次收购还包括著名的自出版先驱平台之一 Auther House,该

平台在2012年的时候就已经有了15万的自出版作者和超过21万种自出版作品。企鹅公司(后被培生集团收购)的收购初衷很简单——在别人关注读者的时候,我要关注作者。在其他出版巨头希望从读者身上赚到更多利润的时候,企鹅看到的是自出版重心的改变,以作者和读者作为"双核驱动"才是未来出版应有的发展道路,而自出版平台可以做到为作者提供更好的服务。

时任企鹅公司首席执行官的约翰·马金森(John Makinson)对此收购事件的判断是,"自出版已成为出版行业的主流。"在收购之初,作为传统出版机构代表的企鹅公司看中了ASI在自出版领域的迅猛发展,传统出版机构不想在未来的竞争中输给自出版板块,竞争不如合作,寄希望于收购会带来更加迅猛的发展。收购之后,企鹅出版公司除了获得了一些自出版图书之外,最大的收获在于,能在出版流程的更前端就识别出那些达到企鹅公司预想的自出版作者们。

2012年,企鹅的构想是在将来的自出版市场中,形成属于自己的绝对力量,以与亚马逊形成分庭抗礼之势。企鹅公司拥有传统出版力量在设计环节、编辑团队、销售渠道等方面长期形成的国际影响力和美誉度,加之ASI在自出版作品的网络营销、自出版平台消费者行为习惯分析、专业服务和用户生产内容等方面已经显现出的绝佳的市场竞争力,很多业内人士认为两者的结合必将实现自出版与传统出版的有机结合。

并购之初,Author Solutions的"如意算盘"也是打得精妙,因为自出版在2008—2012年期间,虽然作品数量巨大,题材丰富,但是能成为精品佳作的作品还是少之又少,不仅一般读者对自出版带着"有色眼镜",很多专业的图书评论机构更是不看好自出版作品的质量。所以,ASI希望被企鹅收购公司之后,能够提升自出版作品的品牌价值。如果有人在ASI平台上出版了个人小说,那么在虚荣心的驱使下,他会说"我在企鹅公司出版了一本小说"。这样的产品附加值无疑会吸引更多人从事自出版活动。传统出版社的品牌价值，在此案例中可见一斑。

　　从 2012 年到 2015 年，ASI 和企鹅的结合并没有发生想象中的"化学反应"，在经过短暂的"蜜月期"后，企鹅集团期待从自出版的数据库中获得畅销书作者的人选，还有作品选题的"金矿"，但是 ASI 提供的作者名单似乎并不如意，这些作者似乎并没有从自出版到传统出版作者身份转变习惯，推出的成功作品也少之又少。但是，令人惊奇的是，自出版平台 ASI 从企鹅身上学到了更多传统出版的长处和优点，借助企鹅公司在世界范围的渠道和客户关系，ASI 实现了在世界范围内设立多语种的自出版平台，然后与世界范围的文学出版商都建立了良好的合作关系，另外，ASI 还与世界著名的版权代理公司 Paulist Productions 建立了伙伴关系，不仅实现了合作关系在地理范围上的扩张，更实现了作品从文学小说到电视剧或者电影的"跨界融合"。

　　这次收购的结果并没有如意想中的那般完美，经过三年半的合作运营，企鹅与 ASI 的契合度没有专家们预测的那样高。2016 年 1 月，企鹅兰登书屋将旗下自出版公司 ASI 卖给美国亚利桑那州凤凰城的私人股权投资公司纳杰菲（Najafi Companies）。《金融时报》援引分析人士的估计称："此次交易金额远低于 2012 年企鹅购买 ASI 时的 1.16 亿美元。"也就是说，企鹅公司购买 ASI 的举动并未达到之前预期的目标。有部分业内人士始终认为是企鹅公司的并购行为影响到了自身的核心业务，因为从企鹅兰登书屋 CEO 马库斯·多勒（Markus Dohle）给公司的内部邮件可以看出，重新回到传统的大众图书品牌，是以后企鹅集团的发展方向，他在公司邮件中写道："此项交易完成后，我将重新聚焦于大众出版市场及旗下遍布全球范围的 250 个大众图书品牌。"事实上，ASI 的经营发展布局不能说不迅速，目前，ASI 已经在全球范围内为超过 20 万名作者出版、营销和发行了 25 万种作品。作者主要来自美国、澳大利亚、新西兰、英国、新加坡、南非和印度。马库斯·多勒的言论并不能说明自出版的竞争力在减弱。另外,也有人认为:ASI 的一些负面新闻和 ISBN 使用量减少,是企鹅公司剥离它的主要原因,ASI 公司的收入主要来自于为作者提供服务的有偿收入,曾多次因采用高压销售政策遭到指责,并导致了一些集体诉讼。

如果说企鹅公司放弃 ASI 是因为对自出版失去信心的话,那么该公司的另一行动却使人"乱花渐欲迷人眼":在 2015 年 10 月的法兰克福书展上,其推出了自己的德语自出版平台"26"(Twentysix)。自出版平台"26"的盈利模式更加清晰,就是吸引那些希望以"兰登书屋"品牌出版自己作品的作者,再利用按需印刷设备印刷图书,与其他自出版平台相比,这一平台的收费更高,因为其承诺专业编辑团队定期检查作者所出版的所有图书,并计划在未来为作者安排"专属服务"。

从企鹅公司对 ASI 的收购、剥离,再到旗下德语自出版平台"26"的创立,不难发现传统出版机构拥有的最大资源,一是可靠的编辑队伍,二是出版机构的品牌价值。在与 ASI 等新兴自出版平台机构的合作事件中,自出版平台的业绩并没有得到相应的增长,笔者认为有几种可能:一是受全球电子书销售下滑大趋势的影响;二是自出版平台的作者还没有意识到专业出版机构编辑队伍的价值;三是在自出版作品中还没有形成较高的品牌价值,传统机构的品牌影响力还没有能够顺畅嫁接到自出版作品之中。但是,从企鹅公司推出德语自出版平台"26"的战略举措中可以判断:传统出版机构并没有放弃发展自出版业务,剥离业绩不佳的经营平台,并不等同于放弃此项业务,这就如同银行要处理不良贷款一样,要不定期地对出版资源进行重组和激活,要在自出版市场中走出一条"高收费标准、高水平加工、高质量作品"的新路径。

五、消费者:自出版将实现最大程度的"私人订制"

消费者是自出版业务的最终使用者,他们关心的是自出版作品的价格、可获得性、趣味性、便捷的阅读操作等。在越来越"私人订制"的分众时代,自出版正在重新审视读者的心理行为,正在为读者提供更多适合个人需要的出版物和个性化服务,而大数据为"私人订制"提供了支撑。英国当代数学家及人类学家托马斯·克伦普(Thomas Crump)在其《数字人类学》一书中提道:"数字的本质是人,数据挖掘就是在分析人类族群自身。"①

传统出版社拥有大量读者,但是并没有意识到读者数据对于数字转型的重要性,自出版提供了一个观察读者行为的新窗口,通过这个窗口,能获取读者浏览、试读、付费、讨论、创作等各个环节产生的大量数据。无论企鹅兰登早就创立的"图书国",还是不断创新出现的一系列新的自出版平台,目的始终只有一个:利用专业平台吸引读者和作者,并且还要使读者成为作者。通俗地说就像淘宝网不但要吸引在这个平台买商品的消费者,同时也要吸引有开网店需求的经营者(网店店主)一样。如何吸引消费者成为了自出版可持续发展的关键议题。

第二节 产业链整合分析——以亚马逊自出版活动为例

1994年11月1日,杰夫·贝佐斯在西雅图的一幢乡间别墅创办了"亚马逊",起初的名字并不是现在的亚马逊,而是Cadabra,正式更名亚马逊的灵感来源于杰夫·贝佐斯偶然翻阅A打头的单词时,看到了"Amazon",随即将自己的公司注册为amazon.com,寓意其企业"要像亚马逊河一样源远流长,包容万象"。

1995年,亚马逊用100万个书目创办了在线书店,在当时电子商务还不普及的美国,这属于创新产业。当时所用的技术平台运用的web语

---

① [英]托马斯·克伦普:《数字人类学》,中央编译出版社2007年版。

言是问世仅仅五年的 HTML，所谓的平台也就是现在极为普通的网站，但是当 100 万个书目一并上线的时候，还是给图书业吹进了一缕新风。在运营上，亚马逊的策略非常简单，首先在线集成订单，然后根据订单去全美最大的图书批发商英格拉姆进货，最后以邮寄的方式完成订单。由于当初的创业地距离图书批发商英格拉姆非常近，交通便利，节省了很多物流成本，这让美国人第一次尝到了网络购书的便捷性和新鲜感。可以说这一时期的亚马逊是用自身的空间便利来减少读者的时间付出，这样的转换集聚了最初的网络消费者。亚马逊当年的收入为 57.1 万美金，1996 年为 1 570 万美金，1997 年为 14 770 万美金。

1998 年，亚马逊网站创新式地推出每小时销售排行榜，这其实就是大数据应用的雏形。对读者购买行为数据进行简单的筛选，便形成了销售数据的排行榜。同时，运用数据的相关关系，推出了"购买此商品的用户还购买"服务，消费者购买行为数据的相关性使转换成为营销模式。1999 年，亚马逊销售额已经达到 164 亿美金。

2000 年，亚马逊商城建立，开始了第三方销售业务。2001 年推出在线试读功能，在网络中发布书籍部分内容，允许读者最大限度地了解图书内容。

2007 年，推出移动阅读终端 Kindle，同时在网络平台建立 Kindle 商店，最初的商店仅有 90 000 本电子书。也是在这一年，亚马逊推出革命式的自出版平台，最初的名称为 KTP，后更名为 KDP。

2009 年，推出阅读 APP，允许读者在其他阅读平台中阅读 Kindle 书籍。在这一年，亚马逊还推出了安可（Encore）程序，这一程序可以为自出版的作者服务，此举也被视为亚马逊向自出版市场进军的关键一步。

2014 年，推出电子书订阅服务 Kindle Unlimited，提供 100 多万本电子书和几千本有声书。这是一个关键的年份，在这一年，亚马逊在与"五大出版商和苹果联盟军"的定价大战中胜出，并在电子书市场中"攻城拔寨",形成了"凭借游击队击退集团军"的大逆转。

2015年,亚马逊的第一家实体书店开始营业,地址就在西雅图的大学区。该书店销售网站上进入畅销书排行榜的作品。在接近20年的运营中,亚马逊一直保持着每年两位数的增长速度,1995年销售收入57.1万美元,2015年,销售收入突破1000亿美元。

从亚马逊整个自出版产业链整合过程可以发现以下几个特征:

1. 运用服务和基金策略,最大限度地争取作者

奖励基金政策让读者的自出版作品得以快速传播。2011年12月,亚马逊已创建一个名为"KDP Select"的基金,以一种全新的方式让独立作家和出版商从中受益。亚马逊称,如果KDP作家或出版商将其图书独家向Kindle Store提供至少90天,就可以从中获取部分KDP Select基金。该基金规模约为每年600万美元。亚马逊将这些书籍放入"Kindle Owners' Lending Library"(以下简称"KOLL")服务的书库中。KOLL服务针对亚马逊金牌会员(Prime)提供,用户每月可在线借阅一次。基于该计划,独立作家或出版商可以向亚马逊提供图书,可以是一本独自发行的图书,或者是整套图书。亚马逊预计KDP Select基金的规模将至少达到600万美元,2011年12月亚马逊就为该基金分配了50万美元。亚马逊还表示,独立作家或出版商所提供的图书还将继续面向Kindle Store用户开放出售,并从中获得常规版税。

从图5.1中可以看出,亚马逊在过去23个月(以2016年2月为基点)中,自出版电子书的销售占比(自出版电子书销售量占所有亚马逊电子书销量的比值)一直上升,而五大出版商出版的电子书一直呈现下降趋势。2014年年底,亚马逊更是取得了自出版作品销售占比超越五大出版商的成绩。是什么原因使亚马逊平台中的自出版电子书销售如此"勇猛"?答案简单明了:亚马逊推出了Kindle Unlimited。

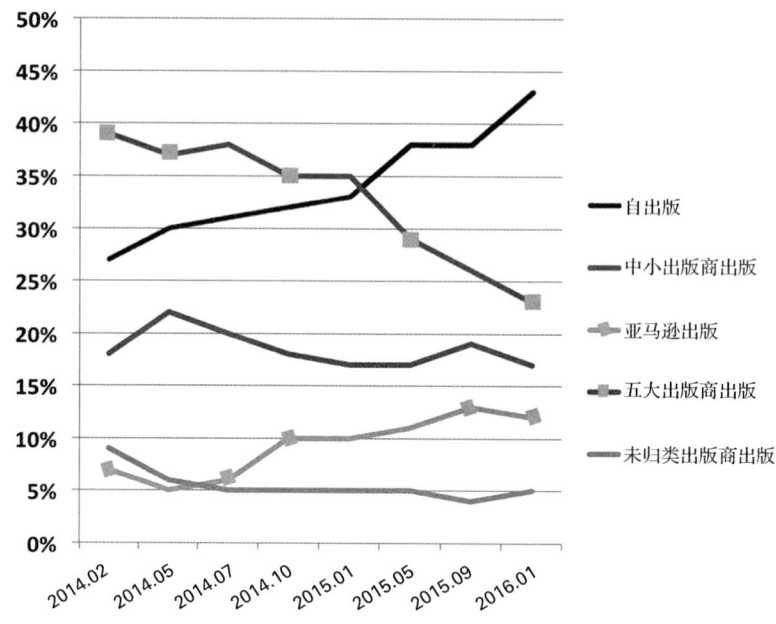

来源:《作者收益报告 2016 年 2 月》

图 5.1　亚马逊平台中过去 23 个月电子书销售占有率趋势

2014 年亚马逊推出了一项新的订阅服务,名叫 Kindle Unlimited,该服务允许读者以每个月 9.99 美元的价格不限量地获取服务中收录的电子书和有声读物,这项战略在当时并不被看好,被认为是亚马逊在孤注一掷。主要的原因是,此前的电子书订阅服务并没有产生预期的结果。并且,作者对这项服务的态度也不清楚。然而,现在有迹象表明,这项战略开始奏效。自出版平台 KDP 上的作者在 2015 年上半年从他们放在 Kindle Unlimited 和 Kindle 用户借阅图书馆(Kindle Owners' Lending Library)中的图书获得超过 6 000 万美元的收入。在 Kindle Unlimited 的服务中,有超过 40 万的电子书,这些电子书大多是通过亚马逊 KDP 平台发售的电子书产品,尽管有人对此电子书库的质量颇有微词,但是庞大的数量和丰富的分类还是吸引了读者的注意力,最关键的是,凭借此项服务,亚马逊自出版平台的作者得到了切切实实的收入。2015 年上半年,美国参与KDP的作者通过订阅服务的版税和直接销售获得的收入比去年同期的两倍还多。有了巨额的奖励基金和订阅式服务，自出版作者得到了不断增长的收益，也对该项服务充满了信心。

是不是从亚马逊自出版平台中出售的电子书更容易成为畅销书？答案是肯定的。任何一位自出版作者都希望自己的作品成为网络中的畅销书。从图5.2亚马逊畅销书分类(2016年2月10日)可以看出，自出版电子书在畅销书中的比例已经达到27%，而五大出版商出版的电子书仅占到13%，这说明在亚马逊的销售平台中，自出版电子书有极大可能成为畅销书，而传统出版机构的电子书并没有承袭传统出版社的"光环荣誉"，在畅销书市场中，自出版作品可谓"乏善可陈"。另外从图5.3中可以看出，在所有畅销书的作者收入中，自出版作品作者的收入占到了44%，在畅销电子书市场中，自出版作者几乎拿走了一半的销售收入。这也就不难解释为什么亚马逊自出版作品越来越多，作者群体也渐成规模。

从2009年至2013年，亚马逊与五大出版商的电子书定价权之争尘埃落定，亚马逊用9.99美元的低价策略侵蚀了五大出版商的利润，其后五大出版商联合苹果公司用"代理模式"(出版商定价)来抗击亚马逊的

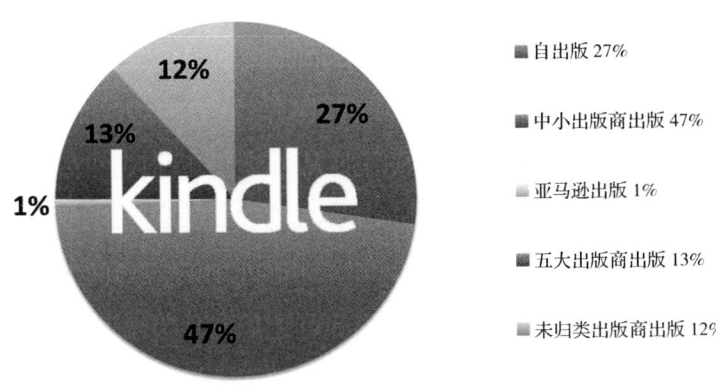

来源：《作者收益报告2016年2月》

图5.2 畅销书占比

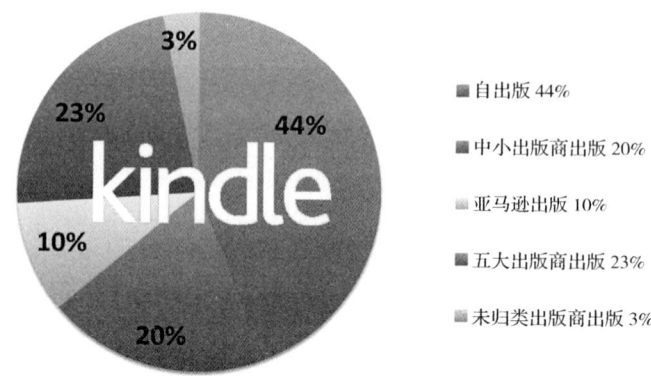

来源:《作者收益报告2016年2月》

图5.3 畅销书组成中作者受益情况

"批发模式"(销售商定价),在整整四年的时间里,亚马逊并没有只是与五大出版商做法律条文上的纠缠,而是默默地夯实了作者资源基础,通过大量小出版社的电子书和大量的自出版作者作品包围电子书市场,2014年,其实无论五大出版商与亚马逊哪一家胜出,都没有任何意义,因为亚马逊已经完成了电子书市场的全部布局,2014年年初,亚马逊电子书的销售份额已经占到美国国内的65%,具有了绝对的控制权。亚马逊与五大出版商的官司,最终以价格垄断的罪名判五大出版商和苹果公司败诉。亚马逊凭借中小出版社和自出版作者联合组成的"游击队",彻底击溃了五大出版商的"正规军"。

2. 基于内容形态的差异,最大限度地完善平台技术

在其他自出版平台还没有涉足学术自出版的时候,亚马逊又一次捷足先登。2015年1月22日,亚马逊在美国推出了一款教科书转换平台,便于学术专家将自己的教科书转换成电子格式。该项目被命名为KDP—EDU,是KDP推出的一个新项目,让教育工作者和作者通过在线工具整理、完善和出版教科书和教学内容,这样学生就可以通过自己的Kindle设备直接阅读。亚马逊公司允许作者和教育工作者用Kindle教科书转

换平台的试用版，将教科书和教材的 PDF 格式转换成 Kindle 电子书。亚马逊表示："一旦生成图书，作者就可以通过简单几个步骤将教科书下载到 Kindle 上，传给世界各地的学生。"而购买 KDP 教科书的形式同购买 Kindle 普通书相似，作者可以获得高达 70% 的版税，并且保留版权。学术专家同样可以将自己的作品上传到 KDP Select（KDP Select 是类似于 Kindle Unlimited 以及 Kindle 用户图书馆的商城）中。此外，在 Kindle 限时折扣区以及免费书推荐区都能够找到电子教科书。在过去的几年里，亚马逊在美国的学术市场中稳扎稳打，巩固自己的实力，在印第安纳州的普渡大学设立了第一家固定客户订单收取点。

除了学术自出版平台的探索，亚马逊还在儿童出版领域做出了积极的创新。亚马逊已经推出了新的自出版产品：儿童 KDP 以及 Kindle 儿童图书编辑器（Kindle Kids' Book Creator），希望借此继续保持其在独立作家市场中的绝对控制地位。儿童 KDP 是亚马逊新推出的一个项目，主要是为了帮助儿童图书作家进行创作以及销售电子书，其运作模式基本上与 KDP 成人内容一致。而 Kindle 儿童图书编辑器则是一款为作家设计的工具，作家可以利用 Kindle 中的互动数字功能，将这些功能与启发性质的儿童图书融合在一起。新 Kindle 自出版服务同时也将登陆亚马逊的 KDP Select 项目，届时将向作家提供一些特定的营销工具以换取在有限的一段时间内独家销售这些内容的权利。新产品中还包含一些特定的功能，例如年龄和年级过滤功能，作家可以利用这些功能找到适宜年龄的读者。作家能够轻松地出版儿童图书，将之推广给全球数百万的 Kindle 读者。作家在保留版权和对内容控制权的同时，所收到的版税将达到 70%。作家还能够在 KDP Select 注册他们的作品，通过 Kindle Unlimited 以及 Kindle 所有者的借阅图书馆（Kindle Owners' Lending Library）获得拿到额外版税的机会，还能够获得像 Kindle Countdown Deals 以及免费图书推广（Free Book Promotions）这样的营销工具的使用权。Kindle 高级副总裁 Russ Grandinetti 表示:"作家们想要将精力放在创作出好作品上面,而我们希望帮助他们达成目标。大家无需为了创作一本漂亮且具有启发性的 Kindle 儿童图书而不得不成为一位电脑程序员。Kindle 儿童图书编辑器让一切都变得简单起来。除了帮助作家制作他们的作品外,我们还帮助消费者通过年龄以及年级范围筛选功能找到合适的作品。"通过创作数字版本,作家能够接触到全新的 Kindle 读者,这些读者已经下载了数百万本儿童图书。

儿童图书作家 Niki Alling 表示:"新推出的 Kindle 儿童图书编辑器正是我一直寻找的东西。我能够轻松地添加进有趣的跳出式内容。我计划用这个新的编辑器来完善我已经完成的作品,当然在未来的创作过程中也会使用这一工具。对于想要在他们的电子书中加入额外有趣元素的儿童图书作家,我真心地推荐你们使用它。"儿童图书作家兼插图画家 Michele Lynn Seigfried 表示:"作为一个自出版作家,我没有专业的技术知识,但是这款编辑器非常好用,我能够全程独立完成。在我出版新作品的时候,这款编辑器肯定能节约我不少的时间和成本。"儿童科学图书作家 Seymour Simon 表示:"由于我出版的作品面向所有年龄阶段的儿童,Kindle 商店帮助家长为他们的孩子选择适宜年龄的图书真的给 Kindle 大大加分。在将我的作品推广给读者的过程中,我能够从 KDP 找到所有需要的工具和信息。"

3. 重视阅读体验,最大限度地开发阅读功能

亚马逊视"客户服务"为基石。亚马逊的 CEO 贝佐斯曾说:"如果能让竞争对手的注意力都集中到我身上,而我的注意力又集中在客户身上,最终结果肯定错不了。"对于客户的阅读体验和购物体验,亚马逊专门雇佣了一大批高学历、收入低、没有图书销售经验的工作人员,他们可以高效处理用户的邮件。因为他们有丰富的阅读积累,能够在浩如烟海的图书中找到读者需求。这些员工在入职后就会收到一份"信息索引",包含了各种

用户可能提出的疑问，其目的就是建立亚马逊和用户之间的良好关系。

为了提高用户在亚马逊的购物效率和阅读体验，亚马逊专门开发了"一键下单""书内阅读""Kindle 阅读器"等专利。以 Kindle 阅读器为例，亚马逊在 2004 年专门成立了"126 实验室"，在硅谷、苹果公司、奔迈中金挖了几位程序员。经过三年时间，在 2007 年 11 月 19 日，贝佐斯宣布推出第一代 Kindle 阅读器。其实电子阅读器的研发从 20 世纪 90 年代就已开始，兰登书屋开始在 2006 年推出数字化图书计划，2006 年索尼公司发行了第一本电子书。2007 年 8 月，索尼公司在阅读器中加入了 Adobe，以便进行多格式的电子书阅览。2007 年 11 月，亚马逊推出了 Kindle 阅读器，截至 2008 年 7 月已销售了 24 万台。Kindle 阅读器实现了无线网络连接，将电子书和网络内容进行了硬件连接，并且创造性地使用了"电子墨水"，最大限度地模仿了墨水的效果，电子墨水显示屏中包含一百万个微胶囊，每一个微胶囊中都有一个带正电荷的白粒子，还有一个带负电荷的黑粒子。微胶囊加载于两层电极之间，大多数屏幕在顶部的电极上有个负电荷，在底部有一个正电荷，将白色粒子推向顶部的微胶囊，将黑粒子推到底部，就在屏幕上出现了一个白色背景。为了显示字母，电极的极性在某些特定的点上是相反的，将黑色微胶囊推向顶部形成黑色字母。因为页面是由粒子而不是电极组成的，因此页面看起来像是有墨水粒子。虽然索尼的电子阅读器有类似功能，但换页时会产生明显的亮光，而 Kindle 很好地解决了这一问题，保护了读者的眼睛，提升了读者的阅读体验。2016 年 4 月，亚马逊又推出了新一代 Kindle 阅读器，在阅读体验和性价比上再次实现了提升。

亚马逊在首页中为作者设置了"Author Page（作者个性化主页）"功能，还专为读者设置了"Follow Author（关注作者）"功能，通过对作者和读者在自出版平台的使用数据，包括上架作品、更新时间、销售情况、读者关注等数据，保证读者和作者之间良好的互动关系。

第三节　英美产业链整合的管理经验

一、依靠专业人才提高自出版效率

实际上,英美国家大部分作者在自出版的过程中只是绕过了传统出版社,并没有绕过传统出版中至关重要的环节——编辑,而现在不断创新和完善的自出版平台也体现了这一点。自出版作者有相当部分是新人,这部分新人在进入自出版领域之前,编辑和出版经验少之又少,自出版平台为他们准备的恰恰是传统出版的宝贵资源——编辑。就像 Blurb 一样,现在几乎每个自出版平台都会有专人负责帮助新作者管理作品,对书号申请、封面设计、内容审核、市场营销等全过程做设计。名义上作者主导出版全过程的自出版,实际上只是每个环节都有作者参与而已,专业性的问题依旧要依靠传统出版的力量。在英美自出版发展过程中,管理者也发现了这个问题,除了从传统出版中整合线下力量,也逐渐注重培养属于自己平台的"专业部队"。

仅仅依靠从市场中发掘传统出版中成熟的出版专业人才,明显已跟不上自出版发展的节奏。另一个关键的渠道就是去高校进行专业培养。据《卫报》报道,英国中央兰开夏大学宣布创设了自出版学位,并称这是世界上首个自出版学位。这个学位课程于 2014 年 9 月开始,其学科带头人黛比·威廉姆斯认为这将有助于自出版的"合法化",她认为即使是最负盛名的作者现在也在关注它。自出版已经成为一个全球性的现象,因为每个人的内心都有一本属于自己的书,许多人都有一份手稿放在抽屉里,却不知道该如何处理。历史上毕竟发生了很多"千里马常有,而伯乐不常有"的出版轶事,使很多文学珍品在相当长的时间里无缘公诸于世,这些作品不被人所知，仅仅是由于其作者被传统出版模式所拒绝。中央兰开夏大学开创的学位课程可以提供自出版方向的指导，帮助作者达成自己的梦想，出版自己的图书。关于创设自出版学位课程的想法是由现实需求而产生的，已经有学生开始申请这个课程。该课程包括讲座、研讨会和讲习班等形式，由业内专家主持讲授；课程内容包括制作、营销和电子书创作等模块。

二、依靠技术创新增加用户黏性

相对于传统出版社，自出版平台的建设更具吸引力和生产力的服务项目就是技术创新。平台中设置的编辑软件或者收费下载的辅助出版软件的开发和使用，其目的只有一个——服务作者。从亚马逊的技术创新路线可以发现，对于任何有创作需求的用户群体，无论其需求多大，都会得到重视。亚马逊的儿童 KDP 以及 Kindle 儿童图书编辑器（Kindle Kids' Book Creator）就是最好的例证。

亚马逊总裁贝佐斯对于技术的狂热程度，也许可以从他的专利发明中获得一点验证。贝佐斯不仅仅发明了"一键下单"技术，更夸张的是，2008 年 6 月，他发明了一种特殊的用户使用系统，甚至可以不用手操作，仅凭挑眉毛、点头和微笑等动作，就能在亚马逊平台中购物或者付款。2010 年 12 月，他甚至开发出了一种"替换礼物"的专利，有人在亚马逊平台中购买礼物送给亲友，通过设置这位用户的购物习惯和亲友关系，他的亲友可以在平台中自动更换礼物。这种基于用户需求、购买行为的大数据分析，保证了亚马逊的作者、读者、消费者等用户的使用黏性。

三、依靠商业模式管理实现产业链创新

瑞士管理学家亚历山大·奥斯特瓦德总结了出版界 8 种不同的商业

模式,笔者根据相似性做了合并,归为7种典型商业模式。不同的商业模式提供了不同的机会和成本以及盈利模式。根据亚历山大·奥斯特瓦德的观察,任何商业模式都可以总结为9种商业模式的组成要素:KA关键业务、KP重要合作、KR核心资源、C＄成本结构、CR客户关系、CS客户细分、VP价值主张、CH渠道通路、R＄收入来源。

自出版商业模式的管理是一个自发自动的过程,通过七种商业模式的对比,可以明显发现自出版商业模式管理的优势和劣势。

第一种:传统出版模式

重要合作者	创作过程	产品形式	销售渠道	消费环节
KP 出版商	KA 写作	VP 图书	CR 读者和作者	CS 读者
	KR 出版社编辑		CH 出版商零售	
C＄写作耗时		R＄10%左右的版税付给作者		

第二种:免费营销模式

重要合作者	创作过程	产品形式	销售渠道	消费环节
KP 出版商	KA 出版社开发选题	VP 图书	CR 自有渠道	CS 读者和未来的消费客户
	KR 内容和产品服务		CH 免费营销	
C＄图书开发和产品服务成本		R＄免费销售积累读者资源		

第三种:专业在线图书平台模式

重要合作者	创作过程	产品形式	销售渠道	消费环节
KP 平台提供商	KA 图书内容开发	VP 图书及带有内容的产品或者服务	CR 网络社区	CS 读者和用户
	KP 持续内容在线平台		CH 网络销售	
C＄持续的内容更新		R＄图书销售费用和服务费用		

第四种：赞助图书模式

重要合作者	创作过程	产品形式	销售渠道	消费环节
KP 赞助商	KA 图书内容开发	VP 图书（带有赞助内容）	CR 自有渠道	CS 赞助商的客户
	KP 赞助商提供内容		CH 赞助商渠道	
C＄图书开发与出版		R＄赞助者的图书		

第五种：合著图书模式

重要合作者	创作过程	产品形式	销售渠道	消费环节
KP 合著者和平台提供商	KA 图书内容开发	VP 图书项目和图书产品	CR 作者社区	CS 读者和合著者
	KP 图书项目开发		CH 平台销售	
C＄图书出版成本		R＄图书销售利润		

第六种：自出版模式

重要合作者	创作过程	产品形式	销售渠道	消费环节
KP 自出版平台提供商（以 LuLu 最为典型）	KA 编辑	VP 图书	CR 社区开发	CS 读者和潜在的作者
	KP 内容创作		CH 销售平台和其他渠道	
C＄写作耗时		R＄平均 15%—85%的版税收入		

第七种：定制图书模式

重要合作者	创作过程	产品形式	销售渠道	消费环节
KP 系统提供商	KA 内容开发	VP 图书片段聚合	CR 社区开发	CS 读者
	KP 图书定制系统		CH 在线平台	
C＄系统费用和内容开发成本		R＄依靠内容销售的收益		

亚马逊的商业模式是典型的自出版模式。根据表 5.3 可以分析亚马逊的优势和劣势。亚马逊自出版模式的典型优势在于它完善的客户关系

和齐全的产品种类。根据亚历山大·奥斯特瓦德的分析,亚马逊模式需要关注三个方面的问题:一是目标服务不足的市场;二是必须要专攻有巨大增长潜力的领域;三是必须依靠亚马逊的资源优势,向市场传递差异化的客户服务。这一分析结论是基于2005年亚马逊的商业模式提出的,经过近5年的发展,亚马逊的自出版模式正好解决了亚马逊的问题。亚马逊自出版模式的发展说明了三点:一是自出版明确了亚马逊的目标服务市场,就是读者市场和典型的有创作潜质的作者市场;二是自出版是个有巨大增长潜力的领域,尤其是2008年以后美国自出版市场井喷式的增长,证明了亚马逊的自出版业务确实对接了一个巨大的有潜力的市场;三是自出版业务有效利用了亚马逊巨大的电子书资源。

表5.3 亚马逊自出版模式

重要合作者	创作环节	产品形式	销售渠道	消费环节
KP 物流合作伙伴	KA 关键业务 订单处理,包括自出版业务的项目	VP 在线零售商店	CR 定制化的在线资料和推荐	CS 全球消费市场(北美、欧洲、亚洲)
	KP 关键资源 基础设施和软件,全球订单处理系统		CH 亚马逊网站(海外分支站点)	
C$营销技术和内容订单处理			R$销售利润	

对亚马逊自出版商业模式的构成要素分析如下:

客户细分(customer segments):客户资源是任何商业模式的核心。一般而言,市场可以细分为大众市场、利基市场、区隔化市场、多元化市场、多边平台或多边市场。在亚马逊的自出版运营中,亚马逊自出版的客户包括一般的大众市场(一般读者)、利基市场(小众书的自出版作者)、多边平台(既有读者又有作者)。所谓的多边平台,就是指平台将两个或者多个有明显区别但又相互依赖的客户群体集合在一起。只有相关客户群体同时存在,此平台才具有价值。多边平台通过促进各种客户群体之间的互动来创造价值,多边平台需要提升其价值,直到能够吸收更多用户。亚马逊的 KDP 正是通过不断设置丰富的功能吸引作者群体,并促进读者和作者之间的互动,实现多边市场价值。

价值主张(value propositions):价值主张通过迎合细分市场的需求实现价值。通过新颖性、性能、定制化、品牌、价格、风险性控制、便利性等渠道实现。亚马逊平台管理的最典型特征就是定制化,自出版的个性特征明显,无论内容、渠道、收益,都拥有定制化的价值实现方式。

渠道通路(channels),自出版的渠道包括了销售队伍、在线销售、自有网店、合作网站、批发商等。

客户关系(customer relationships),自出版的客户关系渠道最为典型的是"自助服务"(Self-service)和"自动化服务"(Automated ser-vices),前者提供一切自出版作者需要的出版服务;后者的自动化不仅仅针对自出版作者,同时也对自出版读者提供精准的服务,基于对读者行为所作的大数据分析,提供荐书和免费书下载等服务。另外,自出版的客户关系中有一种非常特殊的关系维护渠道——共同创作(Co-creation),读者书评是其中最常见的一种,自出版作品就是读者和作者在互动中不断创作、修改产生的。

收入来源(revenue streams),一般而言包括资产销售、使用收费、订阅收费等形式。自出版平台最常见的收入模式是订阅收费。

核心资源(key resources),核心资源使企业组织能够创造和提供价值主张,接触市场、与细分客户建立关系并赚取收入。核心资源包括实体资源、知识资产、人力资源、金融资产等形式。自出版商业模式中最典型的核心资源就是知识资产和人力资源。知识资产包括品牌、专有知识、专利和版权、合作关系和客户数据库。人力资源包括作者队伍、技术团队、营销团队等。

关键业务(key activities),典型的商业模式中包括制造产品、解决问题、平台网络等。自出版商业模式中,平台网络中的关键业务都与平台网络有关,网络服务、交易平台、软件或者是品牌都可以看作平台的组成部分。自出版关键业务主要基于平台管理、提供服务、平台推广。

重要合作(key partnerships),商业模式中的合作关系分为四种:一是非竞争者之间的战略联盟;二是竞争者之间的战略合作关系;三是为开发新业务建立的合资关系;四是为确保可靠资源建立的供应商关系。

成本结构(cost structure),一般的成本结构分为四种:一是固定成本;二是可变成本;三是规模经济;四是范围经济。自出版的成本结构最典型的特点就是"零边际成本",即作者的作品成书之后,进入销售渠道,可以说是零边际成本运营,因为电子书的复制不用耗费任何成本,自出版作品的创造是一次性投入,包含了固定成本(电脑、网络等工具),在传播和复制构成中,不需要平台和作者再投入任何成本。

第四节 英美自出版对现行管理体制的影响

一、重构了数字出版产业链

传统出版产业链的"作者→出版社→印刷厂→发行商→读者"的产业链结构,加入技术和资本的推动力量后,逐渐走向传统出版向数字出版过渡的产业链:"作者→数字出版商→技术提供商→发行商→读者",再到完全意义上的数字出版产业链:"著作权人→内容提供商→数字出版商→技术提供商→终端提供商→网络运营商→金融服务提供商→网络发行者→读者"。最终,自出版将出版产业链改写为"作者→数字出版商→读者"。从英美自出版的管理实践看,大型的自出版平台通过技术壁垒和先进的管理理念,一方面向产业上游拓展整合,成为内容资源的掌握者,不仅从传统出版社的作者库中"分得一杯羹",还尽力争取有创作潜质的新手作者。另一方面,自出版平台还尽力向下游拓展,包括硬件开发、编织网络营销渠道等。

这种产业链的重构直接改写了数字内容的生产方式,原本的数字内容生产方式是"内容资源→内容创建→内容管理→内容发布→应用集成→运营接入→金融服务→读者",改写后的自出版内容生产方式是"内容创建→内容发布→读者"。在这个流程中,自出版真正做到了创作自主化、校编自觉化、出版自控化、销售自动化。

英美国家自出版的价值链正处于一个博弈过程。读者环节的价值增值始终在不断积累和突破,自出版作者通过自出版平台的销售数据和读者数据,可以轻松掌握选题,有的作者可以先长时间分析自出版平台的畅销书,再结合自身创作所长,直接有针对性地生产自出版畅销书,可以说实现了作者环节价值增值的精准化。这就像美剧《纸牌屋》的成功出品,在自出版的价值链中,首先完成增值的永远是内容制作环节。只不过在现在的数字出版环境中,通过数据分析可以准确找到读者的"痛点",针对"痛点"创作的作品具有很大的获得市场成功的可能性。在英国自出版市场中,格里沙姆(Grisham)已出版了一份法律文本和一部小说,他的成功在于通过自出版市场数据,成功将作品的卖点与长小说卖点重合,迎合了自出版市场中的读者需求,而且还吸引了好莱坞电影制片方的注意,实现了作品大卖和改编的双丰收。

另外,自出版平台的经营者通过不断为自出版作者和读者提供服务,以实现平台环节的价值增值。在笔者看来,这一做法其实是争夺自出版产业链主导权的博弈过程,因为自出版的内容上传环节始终控制在作者手中,只要作者能够想尽办法控制内容的创作和发布,那么市场价值会不断地聚向作者群体,但是自出版平台拥有的权利是发布和反馈,通过为作者提供服务、为作品进行深加工、拓宽营销渠道等做法,自出版平台使价值链不断增值,这种相互竞争的价值链动态平衡过程,对自出版产业的发展是具有重要意义的。笔者判断,这种竞争将造成的结果就是,自出版产业链中的专业将不断细化,比如专业的自出版作者可以分为童书自出版、小说自出版(又可以分为各种题材)、专业自出版(又可以分为各种细化的专业);自出版编辑可以分为封面编辑、内容加工编辑、情节设计编辑、排版编辑、营销管理编辑等。

在读者价值链中,读者比在其他形式的数字出版中获得了更多的反馈机会,不仅仅通过购买行为创造市场价值,更多的是通过自出版的反馈信息向作者和平台传递一种读者注意力流动趋势,这种积水成海的读者信息,将比任何时候更能够影响产业链价值的流动。单个读者的阅读行为不会对自出版产业链带来多大的冲击,但是,自出版市场中的海量作品意味着海量的读者,这种数量巨大的读者队伍决定着自出版重点内容的走向、质量的提升、营销的精准。

二、使出版文化价值大幅增值

"出版文化价值创造也是由中介来实现的,而中介实现出版文化价值创造的基本途径就是出版实践。"[①]自出版通过创作实践、编辑实践、传播实践,使出版文化价值大幅增值。安德森畅销书《长尾理论》的基本论点就是:小众市场的经济利益将联合而成,形成大的市场规模。自出版就是大量小众市场成为大众市场的出版实践。在传统出版中非常冷门的出版内容,经过自出版环节,有可能会成为一个作者社群和读者社群。就像中国的科研自出版实践,在英美自出版市场中,同样有遭受到传统出版社和

---

① 董中锋:《论出版文化的价值》,《现代出版》2015年第6期。

科研规范壁垒障碍的小众书自出版,这些小众书的自出版正在兴起。出版内容的多样性会极大地丰富出版文化价值。

自出版的编辑实践也在创新,在传统出版社转型的过程中,存在着编辑的流失和转型,有大量的专业编辑会选择进入自出版平台,这些具有多年专业经验积累的编辑,将在自出版的编辑实践中创造出新的作品,培养新的作者,找寻新的渠道。英国出版人汤姆·麦奇乐离开企鹅公司的时候,将作者多丽丝·莱辛也带到了凯普出版社。一方面,自出版生产环节中的编辑的作用相对于传统出版会有暂时的缺失,但是从长远看,自出版编辑的作用将日益重要,欧美的自出版流程中已经有很多专业的编辑工作室、编辑公司等机构专门从事自出版作品的加工编辑,简言之,经过了专业编辑环节的自出版作品,无论形式还是内容,都会比一般作者自行编辑的作品更容易被市场接受,也更容易与营销网络相契合。

自出版的传播实践无疑是出版创新的聚集环节。在英美自出版的传播实践中,作者将花费更多的时间和精力传播作品,有很大一部分畅销书的自出版作者每天都花费超过 12 个小时来营销作品。在社交媒体多样化的时代,传播作品的渠道日益多样化,速度也更为迅捷化。正像国内 IP 火爆一样,美国的自出版作品与影视产业的相互融合正在成为常态,这些传播融合正在极大地提升自出版传播的文化价值。

三、与传统出版形成互补发展态势

英美自出版的发展并没有和传统出版形成竞争的态势,相反,两者形成了一种互补。自出版与传统出版已从初期的竞争关系逐渐转变为共生关系,再逐渐过渡到互补关系。

在较早试水网络自出版的企业尝到市场甜头后,一些传统的出版企业也开始涉足网络自出版业务。哈珀·柯林斯和企鹅公司较早嗅到自出版带来的商机,率先打造了网络自出版平台。2008年9月,哈珀·柯林斯推出Authonomy,2011年4月,企鹅推出Bookcountry。兰登书屋、西蒙与舒斯特、麦克米伦等出版社也逐渐关注网络自出版平台推出的新作,并开创了传统出版社向网络自出版平台竞价获得作品的先河。2010年,阿曼达·霍金通过自出版模式出版了小说《超能部族》(2013年年初国内译林出版社已出版《超能部族》三部曲)、《浓情似血》等小说,在网络销售超过百万册之后,传统出版巨头麦克米伦支付了50万美元的纸质书出版预付款,最终通过圣马丁出版社出版了四本畅销的自出版作品,其作品的电影版权也被巨额售出,这种合作不仅以优质内容的共享作为契合点,传统出版还能同时分享自出版的在线营销渠道、编辑软件、读者和作者大数据分析等核心业务资源。

另外,自出版的丰富出版种类和快速出版流程,使传统出版获得了可选择的储备作者库和作品库。2015年上映的好莱坞电影《火星救援》获得了2015年北美票房冠军,票房达到5500万美元(约合人民币3.5亿元)。这部电影就是根据安迪·威尔的自出版科幻小说改编的。安迪·威尔的这部自出版作品不仅获得了网络读者的好评,更获得了专业人士的认可,NASA(美国国家航空航天局)的指挥官克里斯·哈费德曾表示,从没见过如此精彩的自出版小说,在保持故事完整性和情节精彩的同时,还能保证高度专业性和准确性。虽然这部作品在亚马逊自出版平台上架的时候,售价是最低档次的0.99美元,但是在几周之后就迅速进入畅销榜。2013年4月,兰登书屋以六位数的价格买入了这本书的版权,随后,20世纪福克斯电影公司又主动与安迪·威尔联系,希望把此作品拍摄成为电影。从这个意义上说,自出版更像是一块"试金石",经过自出版模式成功的作者或者作品,必有其优秀的特质,反之,那些不成功的自出版作者或者作品,经过市场和时间的优胜劣汰,也会悄然淡出。传统出版会持续关注自出版,以实现传统出版资源和自出版的最佳配合。

四、为学术出版另辟蹊径

从学术出版现状看,英美学者已对目前学术出版的秩序和规则颇有微词,主要表现在:学者需要对已有学术刊物支付高额的订阅费用,而且如果要发表学术论文,需要经过漫长的审核期,而且最终的结果很可能是不予发表。在汇集学者成果和审查学者成果的同时,大部分的利润归于出版方而不是作者。近些年对于匿名评审学术成果的形式,有部分学者也表示疑惑,因为不能及时交流,即使是有真的研究瑕疵,也不能在第一时间与评审取得联系。在期刊的风格和编辑风格的制约下,学者如果想公开发表论文,那就必须将论文修改成规定的格式、风格、编辑喜欢的文风等,这种削足适履的做法,让研究者十分头痛。所有很多英美学者认为部分学术期刊的发表程序是制约和阻碍科学传播的,他们呼吁进行学术出版的自由化、公开化、透明化、大众化。

学术自出版呼之欲出。当然在学术自出版的过程中,英美的情况也并不乐观,学术委员、期刊编辑,甚至是政府机构的管理部门、资助机构等旧学术秩序下的部门和人员,并不会一下子接受自出版。但是,很多英美的论文已经将学术自出版的问题推到了舆论的风口浪尖。例如:Pandelis Perakakis 和 Michael Taylor 的论文《学术自出版——不远的将来》(*Academic self-publishing:a not-so-distant future*)就痛陈了传统学术出版的弊病,以及对科学研究的负面作用,并提出学术自出版的建设步骤:

第一步是作者上传手稿或者欲印本到所在大学的图书馆数据库或者其他能够接受同行评议的公开平台。作者按照简单的规则上传完成后,该资料库会永久保存。这种手稿可以是研究片段或者是研究成果,总之要保证作者的署名权和公开性,而且要能够接受同行评议。

第二步是使用独立的评审平台,在这个平台中,可以由作者邀请专家评审或者进行开放式评审,与传统评审程序不同的是,作者要负责管理整个研究的评审过程,任何评审痕迹或者修改意见都会完整记录在平台中。在评审过程中,作者和评审之间是一种动态的互动关系,最终的研究成果将呈现所有的记录。

第三步是提交最终稿。需要将同行评审修改之后的研究成果投送到一个权威的学术期刊,这是至关重要的一步,确保作者能够继续受益于平台之外的质量认证,并且能够获得声望和有形出版物。这样做的好处是减少了权威期刊的风险性,同时也减少了编辑的重复劳动,因为经过同行评审的论文已经完成了一次筛选,并且因为在公开平台之上作了修改,都有迹可循,这就避免了抄袭和作假的可能性。

第四步是公开整个出版流程,更新网上文件以反映最后的同行评审。公开内容包括从初稿到出版的各个版本,包括同行评审和社会各界产生的不正式的意见全文。作者应确保更新后在机构知识库和开放存取平台中的是最终版本。

五、自出版有明显的"自费出版"倾向

很多自出版平台对作品整个出版流程"分段收费",作者如果想完成一部"像样"的作品,就需要支付相应的费用。根据纽约佩斯大学出版系兼职教授练小川的计算,一部7万字的作品需要经过九个收费环节。分别是内容编辑、文字编辑、封面设计、文档格式转换、国际书号购买、电子书发行、纸质书印制、书评、营销。

在内容编辑环节,"按照美国自由职业编辑协会(the Editorial Freelancers Association)的标准,每页 250 字的手稿,每小时编辑 5 页,根据编

辑的经验和资历,每小时收费 45 美元至 65 美元。"①仅内容编辑一个环节,一部 7 万字的作品就可以花费 2 500—18 000 美元。

文字编辑环节通常需要检查语序语法错误,保持写作风格统一和情节完整。这一环节可能花费 800—7 000 美元。

封面设计环节需要根据不同显示终端和不同的作品风格设计封面,如果需要有获奖经历的封面设计师参与,收费会更高,当然作者也可以选择网站自动提供的封面,但是作者通常还是会选择专业设计师的设计。这一项收费约为 150—3 500 美元。

在文档格式转换环节,有部分网站提供自动转换软件,也有网站提供的是专业人员服务,对不同格式的转换,收费也不相同。这一项平均收费 2 500 美元。

国际书号购买。在这一环节中,大部分英美国家的自出版平台是自动分配书号的,如果购买,每个书号是 125 美元。自出版平台向 Bowker 等部门打包购买,书号有了很大的折扣,所以一般来说,作者不用再额外支付书号费用。

电子书发行。在这一环节中,自出版平台通常不收取费用,因为发行量会带来佣金,这部分佣金从合作伙伴中抽取,比如 LULU 平台会在其渠道商中收取大约 10% 的费用,而一般作者的作品进入发行渠道是不用花费成本的。

纸质书印刷环节。因为自出版大多是按需印刷,例如 CreateSpace 的 Lightning Source,因此作者不必为纸质书的印制另外支付费用,一般是有确定的订单生成时,再进行印制。

书评环节。很多传统的书评杂志会接受电子书书评业务。以《出版商周刊》为例,会收取每本书 149 美元的稿件处理费。

---

① 练小川:《自费出版的"费"》,《出版参考》2013 年第 6 期(上)。

营销环节。因为任何一本自出版作品都是需要网络营销的,除了作者自己需要付出劳动,必要时还需要专业的网络营销团队,所以此项花费是以作者的承受能力为限的。

综合以上九个环节的收费情况可以看出,一本自出版作品的花费,最低几百美元,最高可以达到几千甚至上万美元。自出版服务出现向作者倾斜的现象,其根源是收费和利润的重心也在作者一端,这也会造成一种趋势,即专业的自出版会逐渐走向高消费,会与一般消费者越来越远,这就失去了自出版发展的"初心"——让每个人的作品都有走向市场的机会。

第6章
中国特色自出版管理体系的构建

从世界范围看,国外的自出版管理体系可以分为三个主要部分:一是政府宏观调控管理体系;二是法律管理体系;三是行业协会管理体系。政府宏观调控主要是通过行政部门制定和执行出版管理政策,如美国的新闻署、版权局,英国的贸易工业部、文化委员会等,通过制定产业政策和进出口项目调控出版业。法律管理的作用主要分为两个方面,一是使政府的出版行政管理更加规范,使行政行为更加合理;二是调整出版业各方利益体中的权益关系。行业协会管理主要针对出版内容、市场规范、行业自律、行业标准、奖励教育等。应当看到,自出版和数字出版对传统出版模式、管理模式、工作模式都将产生巨大的影响和冲击,特别是国内传统出版仍然处于管控体系之下,以电子书在线发布模式为主要方式的自出版,会使传统的管理方式和管理手段存在失灵的危险,并对现有出版体系产生巨大的冲击。此外,国际资本也往往借助数字网络技术投资的名义,更容易渗透到国内出版中来。因此,政策层面要加强对新现象、新趋势的研究,还要稳妥有序地控制自出版的发展进程,避免失控。

　　自出版的管理体系,从宏观上可以参考英美国家出版业的管理体系,但是中国自出版和英美自出版有许多不同,从宏观管理体系建立的视角提出参考建议,过于宏观。笔者认为可以进一步细化自出版的管理,增强针对性。西方学者把与工厂联系在一起的有形产品的生产称为"production",而将提供服务的活动称为"operation"。前者翻译为生产管理,后者译为运营管理。自出版的管理不仅仅包括有形产品的生产管理,还包括出版服务的运营管理。而且从英美自出版的实践看,更重要的是对平台运营的管理。相对于传统出版的内容生产管理,自出版的运营是以内容生产为导向的运营。"真正的数字出版运营管理是将出版策划、技术平台以及网络营销体系三个方面紧密结合起来的管理系统。"①

　　自出版的产业链有非常明显的特征,一是具有主题的独立性,无论是作者环节还是平台环节都是完全独立的企业或者群体;二是具有明显的价值差异性,现阶段自出版产业链的价值增值发生在三个环节中,无论是作者、平台还是读者,都对作品有增值作用;三是自出版的产业链有高度的融合性,尤其是与影视、游戏等相关文化产业。本章将遵循自出版产业链的特征和规律,提出以内容、平台、营销三个方面为主的管理建议。

第一节　以书号管理为抓手强化"内容管理"

　　自出版从诞生之日起,内容之殇就如同"阿喀琉斯之踵",从美国最初的自出版实践来看,当初完全就是为了作品的传播,使个人作品能够在市面流通,个人思想能够借助作品得到传播,如马克·吐温的部分作品,为了避开传统出版社的严苛审查和拖沓的办事节奏,不得已选择自出版。

---

① 郝振省:《互联网思维下数字出版发展新趋向》,《出版发行研究》2014年第4期。

发展到网络时代,为了高额版税和满足个人自我实现的心理需求,选择自出版的目的逐渐发生变化,这就使得自出版物的内容也随之变化。从最开始的传播思想出版作品,到近期获得利润的出版作品,出发点不同导致了自出版物的质量不同、内容不同。

而自出版只不过是网络技术去中心化发展趋势在出版行业的一个具体体现。从一定意义上说,这个趋势已经非常明显地呈现出不可逆的发展趋势。对此,中国出版业也需要顺应这一趋势,运用这一趋势,这是理性和科学地面对历史发展的态度,美国出版业的实践已经充分证明了这一点。

对于内容管理,欧美大部分国家都慎之又慎,管理界限过于严苛,就会引发"影响出版自由"的讨论和抗议;对内容管理过于宽松,又会使大量内容不良的出版物流入市场,影响市场秩序和读者心理,尤其是对未成年人的影响巨大。

综合《出版管理条例》《互联网出版管理暂行规定》《电子出版物管理规定》等可以发现,自出版这种新型出版活动,犹如固定之箭射移动之靶,各种规章总是不能够被精准对照执行,这就给相关部门的执法和指导带来了困难。所以,内容管理首先要从明确规章开始,或者制定详细的现有规章说明,或者制定针对自出版的相关规章。要在书号使用、内容审查等环节对自出版做出明细规定。书号是内容管理的关键环节,通过书号的控制,可以对自出版物的内容在出版前有详细的审定过程,从自出版的长远发展看,这个过程是不可省略、不可忽视的环节。可以说,书号管理是自出版内容管理的切入点和关键点,抓好了书号管理环节,也就找到了自出版管理药方中的重要一味。

(一)加大网络转载的违法成本,推动网络侵权从他律到自律。在传统出版时期,传统著作权保护立足于平衡著作权人和社会公众之间的利益,而在自出版的时代,交互式的传播过程中,网络服务提供者成为传播过程的关键环节,网络服务提供者应用的技术和新的商业模式都为信息传播提供了便利,但是同时也为网络侵权行为提供了新的形式,这些形式因为有网络技术作为"掩护",有时不易被察觉,所以在新的自出版格局中,如何平衡作者、读者、自出版网络服务提供者三者的利益,成为互联网时代自出版法规的新指向。

(二)建立起贯穿"内容传播全过程"的监督机制。相对于自出版的快速发展节奏,针对自出版平台运营的法律有很大的滞后性。很多针对虚假和低俗内容传播的法律显得缺乏针对性和有效性,如《关于维护互联网安全的决定》《互联网站从事登载新闻业务管理暂行办法》《关于严禁淫秽物品的规定》等。《出版管理条例》(2001年颁布,2011年修订)、《电子出版物管理规定》(2002)、《互联网文化管理暂行规定》(2003)、《互联网出版管理暂行规定》(2008)、《关于发展电子书产业的意见》(2010)、《关于加快我国数字出版产业发展的若干意见》(2010)、《网络出版服务管理办法》(2012,征求意见稿)、《网络文化经营单位内容自审管理办法》(2012)、《网络文化经营单位内容自审管理办法》(2012)、《关于推动网络文学健康发展的指导意见》(2014)等多对应传统出版时期,是对传统出版物中不良内容传播做出的相应规定。面对自出版的新特点,大部分的法律法规都意在加强事后的追责,而网络信息的传播特点是,后期无法删除已经发出的信息,因为网络技术具有强大的复制和储存功能,可以说信息出现的一刹那,就已经无法彻底删除了。从目前的情况看,在网络作品出版前,出版平台的管理者并没有感受到相应法规的强制力。对网络自出版作品做全过程的、长期的、动态的监督,就要建立"前台虚名,后台实名"的注册方式、建立网络举报奖励机制、丰富网络举报渠道、增加作者读者反馈方式和完善作者投诉机制。

(三)引导自出版题材走向,从"大众自出版"走向"专业自出版"。目前世界范围的自出版内容多是文学题材,很少有学术自出版或者某一专业领域的自出版著作。一是因为专业自出版需要传统出版社的把关人审定;二是传统专业出版社具有使著作增值的作用,作者为了使作品增值,还是会选择传统出版;三是缺少具有影响力的专业自出版平台。另外从编辑和作者的权力让渡视角考察,只有文学内容的编辑权利是相对容易让渡的,如果假设自出版的最终形态是所有内容都实现真正意义的作者主导,那么作者获取编辑权必然是从内容相对简单的领域开始,尤其是在大众文学领域,编辑的权力从出版社专业编辑让渡到自出版作者身上相对容易。英美自出版的作品内容存在类型化、单一化、肤浅化的趋势,英美自出版平台也逐渐发现了这一问题带来的负面效果,这就使得亚马逊平台主动设立艺术题材自出版、儿童书自出版等服务内容,逐渐丰富自出版作品。从长远看,自出版从大众题材走向专业领域是必然趋势。现存的障碍主要有三个:一是自出版平台不具有专业权威性,在专业领域不具有公认的权威;二是缺少尝试专业自出版的作者群体,职业专家很少尝试通过自出版平台进行学术研究;三是缺少有影响力的专业自出版作品,正像当初的文学自出版一样,学术自出版也需要有影响力的学术作品,将有影响力的人吸引到自出版领域。

目前在中国借助自媒体平台从事自出版活动的专业领域具有典型特征:一是专业领域具有典型的中国传统哲学特征;二是已经尝试自出版的专业领域通常与日常生活直接相关;三是多与自出版作者有直接利益关系。更直白地说,自出版具有软广告的效果。在网络中可以非常容易就查询到的自出版物,多涉及中医保健、养生饮食、宗教传播等领域。

引导自出版内容,可以尝试以下管理措施:首先,在自出版平台设立专项的奖励基金,就像亚马逊的 KDP Select 基金,出版平台或者总局以奖励基金的形式,在数字出版转型示范机构设立专业自出版项目。这种奖励的形式也可以是免税的形式,以鼓励自出版经营机构进行专业自出版尝试,如果有经过专家认定的自出版专业作品问世,经过必要的评审,可以对自出版作品的出版企业给予免税政策。其次，对科研院所的科研人员进行宣传引导，可以鼓励科研人员在自出版平台中进行创新成果展示，对科研过程或者是阶段性的个人创新予以承认。最后，发挥有专业影响力的领军人物的引领作用，假设屠呦呦在CNKI或者某个自出版科研平台中发布了一部分科研心得或者创新思想，那么可以设想这种大家的引领作用，会使更多科研工作者尝试自出版。

（四）建立以"知识服务"为中心的学术自出版流程。知识服务，是面向解决用户问题的知识应用解决方案。对每个读者而言，具有非常强的个性化属性，知识需求的层次和内容都不尽相同。知识服务是对一个人动态连续提供知识服务的长期过程，需要能够随时随地解决用户对特定知识的需求，并在更高层次上提供面向每个人的进步成长的知识服务。知识服务是在深入分析用户具体需求的基础上，通过系统或人工的方式对知识信息进行分析、加工、重组而形成的对用户的高层次、高品质的知识服务方案。

建立起基于移动出版技术的学术自出版系统。当前阶段移动出版已显现出势不可挡的态势。移动市场基础条件高度成熟，已具备智能设备、网络速度、移动开发技术。移动读者市场已呈现出规模化发展，在读者群体覆盖、电子支付技术等方面表现尤其突出。内容出版市场供应日益繁荣，各类出版机构、个人原创出版、新媒体出版蓬勃发展。碎片化动态重组，是自出版平台应着重突破的难点。动态重组知识引擎，就是指根据读者的知识获取信息描述，在网络海量资源的章节段落碎片化基础上，对资源中相关主题的章节、段落进行自动化分析、筛选、重组后，形成特定内容形式的高度集成化、系统科学的全新知识集。碎片化动态重组有四个要点：一是满足读者动态变化的需求——按需数字出版。二是要准确把握、理解读者的需求——个性化出版。三是要各种出版物资源的碎片化重组——高度集成。四是要省时省力的知识供应模式——精准知识服务。

碎片化动态重组是数字出版产业由内容服务转向高品质、精准知识服务的关键,而基于碎片化动态重组的移动自出版必将是未来知识服务的掘金之地。

第二节 以行业标准为导向规范"平台管理"

打造专业自出版平台,加强出版资质管理。专业自出版平台的建设,有利于集约使用书号等出版资源,相关管理机构也可对书号等资源的分配情况有更为清晰的掌握。自出版平台的每个流程都会在网络中留有痕迹,这就明确了相应的责任主体。除去书号资源的因素外,打造专业的自出版平台可以在三个方面起到重塑出版、引领出版的作用。一是专业的自出版平台可以汇集优质作者资源,如网络作家花千芳、周小平等网络作家,优质的作家群体需要专业的出版平台;二是出版物载体逐渐泛化,手机、电脑、阅读器等终端都可以保证出版物内容的自由流动,自出版平台可以成为出版物内容的网络"枢纽",这有利于对内容进行审核、监督和再加工,在自出版平台可以完成一次内容"过滤";三是对阅读消费者而言,自出版平台可以提供"个性化的定制",出版从"规模复制"到"个性定制"的过程,离不开专业平台的个性推送。

综观国内整个自出版产业链,尚没有出现与亚马逊相似的"一家独大"的自出版平台。根据主导出版产业链整合企业类型分类,国内的自出版产业链整合可以分为三种模式:一是技术提供商主导的产业链整合模式;二是内容出版商主导的产业链整合模式;三是渠道商主导的自出版产业链整合模式。

第一种技术提供商主导的产业链整合模式,以中国知网 CNKI 的"大成编客"为代表,其主要资源是以学术论文为主的数据库,但是,在"大成编客"上进行创作的不一定全部都是论文作者,有很大部分是编辑,也就是说以电子期刊整理技术为主导的产业链整合,没有争取到学术出版的原作者,没有完成对作者的整合。

第二种是内容出版商主导的产业链整合模式。从 2013 年至 2016 年,国内数字出版转型速度加快,各大传统出版社的数字转型之路也各不相同,"内容为王"是出版业发展的铁律,但是自出版与传统出版不同,自出版的内容资源其实就是作者资源,而传统出版社的内容资源其实是作品资源。也就是说传统出版社的内容优势是一种"完成时",而自出版需要争取作者,是一种"将来时"。以知识产权出版社的"来出书"自出版平台为例,截至 2016 年 3 月,已经有超过 5 万名作者在此进行创作,但与已出版 401 108 万种书籍(其中免费书 62 690 种)的 Smarshwords 相比,传统出版社开展自出版业务还有极大的整合空间。传统出版社在整合自出版产业链的时候,需要将作品优势的"完成时"转化成为作者优势的"将来时",这就需要完成一种经营理念的转变。国内部分传统出版机构还是对自出版的发展势头认识不够,没有意识到自出版的巨大发展潜力。传统出版社内部的管理机制稍显陈旧,缺乏创新的活力,在管理制度、管理流程、业务流程、版权保护、对外合作等方面还没有与自出版理念对接。最重要的是,以传统出版社为主的内容出版商缺乏市场意识,产品结构单一,这就难免造成营销手段单一。产品形式决定了营销手段,网络社区营销、微博营销、邮件营销、数据库营销等方式还未得到开发。

第三种是渠道商主导的产业链整合模式。从国内自出版的产业链发展来看,这一整合模式具备用户优势和支付优势。从 2009 年中国 3G 商业化开始,中国移动、中国联通和中国电信已经进入数字内容产业,从目前看,还没有开展专门的自出版业务。如果能将移动出版和自出版模式相结合,在产业链中将有极大话语权。

从全国范围看,可以建立一个自出版流程指南平台。这一平台是所有国内自出版网站的集成平台,在这一平台中可以设置自出版内容分类、作者分类、收益分类、营销分类。将国内各类自出版平台的功能做对比分析，与各大自出版网站形成链接，对于首次尝试自出版的作者，在此平台上，可以根据作者身份、作品题材、完成时间、期待收益、是否有传统出版社参与、是否需要书号、是否期待成纸质书等条件进行细分指引。在作者提交个人信息和作品信息之后，参考英美自出版的作者管理经验，平台后台要在第一时间通过 e-mail 与作者联系，增强和作者之间的交流，以形成自出版作家库。这个自出版流程指南平台的功能类似于 hao123 网站，这种导航性质的平台主要有三个方面的作用：一是可以迅速吸引作者注意力，借助平台的导航功能，可以吸引有创作潜质和创作欲望的作者群体；二是可以积累作者数据，建立作者群体的基本信息，通过大数据分析工具，建立清晰的作者分类，这有利于传统出版和自出版实现对接，在电商平台通过大数据选出来的选题，可以从作者库中选出对应的作者进行创作，可以保证图书质量，提升图书市场效益和社会效益。三是有利于提升各大自出版网站的知名度，同时推动各大自出版网站的良性竞争，有利于行业建立良好的竞争秩序。

第三节 以融合互联网为契机拓展"营销管理"

自出版通过网站信息改变了传统出版社挖掘好书的习惯。寻求热门出版物的传统出版社或者影视改编公司会关注自出版平台和相关的网络平台，如 Wattpad、Smarshwords、亚马逊等，包括这些平台定期公布的销售排名、允许读者留有评论、发布专业的书评意见、编辑评价等功能。Smarshwords 总裁马克·科克尔（Mark Coker）就发现，自出版作者的平均收入是 1 180 美元，大部分作者的收入低于此标准，那些获得高收入的作者更加懂得运用网络营销作品，他们的作品在社交网站或其他网络社区、网络社群中得到更多的关注。在网络营销的渠道中，和读者建立直接的联系至关重要,《五十度灰》就是一本粉丝小说,基于斯黛芬妮·迈耶(Stephenie Meyer)的畅销书《暮光之城》人物创作完成。越来越多的作家会培养属于自己的粉丝群,这是网络营销的关键力量,从传统出版社作家埋头写作到现在自出版作者不定期发布消息,作者和读者的关系发生了变化,似乎互联网使读者和作者更加平等,更加易于交流,这种借助于网络的交流,让双方受益。这种营销或者传播行为自古有之,只不过在网络时代,需要更加用心维护和创造。早在古希腊的西塞罗时代,作者准备发布新作品的时候,就会在沙龙、酒会、公共场合朗诵作品的片段,或者是请有影响力的熟人朋友推荐作品,这种早期的营销活动,实质就是借助社交网络的影响力。书籍在创生之初就具有个人和社会的双重属性,而书之所以成为改善和发展思想的绝佳工具,这种个人和社会双重属性的联系是关键所在,只不过在传统印刷时代,个人联系很难被发现,而在网络时代,这种个人联系被放置在网络社交工具这个"放大镜"下,效果展现得更加明显而已。

自出版电子书的营销模式不断创新,在第四章提到的自由定价模式已经对传统出版的纸质书和电子书定价造成冲击,越来越多的出版社和出版网站会与自出版书籍的价格作对比参照。价格,已然成为自出版的典型营销利器。除此之外,自出版的营销必须与互联网深度融合,自出版天生带有的互联网基因必须在网络营销的助力之下,才会表现为巨大的市场推动力。

以融合互联网为契机,拓展营销管理,其实只要做好三个方面的工作,自出版营销就会进入良性发展轨道。一是作者要融入社交网络;二是平台要深度发掘读者大数据;三是自出版平台的编辑队伍要有营销意识。

首先是自出版作者的营销能力构建。瑞秋·阿伯特(Rachel Abbott)是通过亚马逊KDP出版畅销小说的成功作家之一,根据她对营销管理的陈述,她在网络营销中花费的时间每天一度超过12个小时,这些时间主要是用来建立读者社区、维护读者关系、建立粉丝群,如果能成功地将一般读者转化成为粉丝,那么她需要熟练应用网络营销工具,并且和网络媒体保持最高频次的互动,只有将读者转变为粉丝,才可能实现畅销书的持续性。自出版平台中有很多作者的作品曾经跻身畅销书排行榜,但是昙花一现,在寥寥几部作品之后,就逐渐淡出。英美国家成功的自出版畅销书作者都花了大量的时间和精力来建立营销网络。

其次,在营销管理中,还需要提升专业自出版平台网络编辑的能力和责任意识。在加强自出版作者的组织和引导的时候,还要注重一个至关重要的环节,即自出版平台网络编辑的营销能力建设。编辑掌握的信息量大、传播渠道多,在处理各类信息时,应在遵循网络信息传播规律的同时,注重信息的政治导向、受众反应和社会影响。面对新的技术环境,应培养对数据的应用能力,包括数据的获取能力、数据的解构能力和重新结构能力、跨媒体的整合能力等。要能够发现海量数据中丰富的相关性,还要挖掘在相关性基础上的准确预测性。面对新的市场环境,网络编辑要具备生产要素管理能力。在注重文本层面的同时,更加注重市场和受众。

再次,已经有一大部分的自出版网站存在"过度营销"和"虚假营销"的趋势。在国内的自出版平台中,有部分营销方案会涉及"社交媒体营销",或者是更加具体的营销策略,一般包括数据库营销(读者数据库)、口碑营销、论坛(贴吧)营销、电子邮件营销、移动营销等。亚马逊的销售平台除了对作品有"五颗星"的评价模式之外,还有"读者评论",这种评论现在已经存在了不准确、不客观的情况。一些质量低劣的自出版作品,凭借大量"水军"的虚假评论影响读者,这已经开始影响自出版作品正常销售的市场秩序。在英国有相关的论文研究,认为自出版的营销环节有失真实。在很多自出版作品的评论和简介中,都存在虚假评论和过度褒奖,这样就误导了消费者。

最后,国内的自出版市场要建立客观公正的自出版物评价体系。无论是大众自出版还是专业自出版,在出版模式创新初期,要以真实和严格的标准规范市场秩序。营销的基础是真实,当营销变成了一种炒作或者是造假时,对真正有意义的自出版作品是一种非常严重的伤害,这会对自出版刚刚振兴的市场趋势给予毁灭性的打击。坦率地说,国内的自出版效率和种类,与国外自出版还有一定距离。但是值得庆幸的是,国内的自出版作品评价体系还保持着很大程度的真实性和客观性。除了各式各样的排行榜、更新榜,国内的自出版物现阶段经受的是最为真实的评价,在贴吧、微博、微信、电子书销售平台的评论中,目前读者对自出版物的评价还是接近真实的。这种局面有利于建立一个公正客观的自出版物评价体系。这一体系应该包括专家库评价、读者评价、作者评价、市场消费数据评价、编辑评价、专业图书评论机构评价等,形成一个立体、多元、动态的评价机制,唯有这样才能让营销增强公信力,有了公信力才会有影响力,自出版作品的销售和传播才会更加畅通。

除了以上三个方面的管理之外,不得不提的是自出版管理人才的极端重要性,因为亚马逊的整个发展历程,就是贝佐斯战略思想的体现,无论是大刀阔斧的并购和收购策略,还是对于提升"用户体验"的极致追求,都是一种有个性的管理理念的落实。因为已经有关于贝佐斯的著作《一网打尽》和《一键下单》,所以本书并没有对贝佐斯及与贝佐斯类似的管理者的作用作详细介绍。再结合英国高校设置自出版管理课程和学位,我们应该注意到,自出版也许不缺乏发展空间和创新机制,对于自出版的走向,唯有依靠科学的管理体系和源源不断的人才,才能保证自出版健康有序的发展。

结 论

毋庸讳言,目前的网络技术提供了一个信息生产、发布、传播极度泛滥的环境,似乎掌握基本网络应用常识的人都可以生产信息和传播知识,如果有了相应的需求端,当需求市场足够大的时候,任何网络平台都会变成一个交易平台。当前这种"泛平台化"的趋势十分明显,但是,笔者认为"泛平台化"的现象只是网络技术和知识生产发展共同经历到某一阶段的暂时特征,这就像美国20世纪20年代出现的黄色新闻潮,当报纸技术和传播内容失去约束之后,会有短期的需求疯狂,这就会造成新闻供给的失范。这只是一个时期内的暂时现象。而自出版的核心功能是"出版"。在技术和资本的推动进程中,具有学习能力的作者或者编辑将借助技术优势和知识积累实现新阶段的专业化,成为更高要求知识领域的出版主体,而并没有实现专业化转型的一般写手,只是在自出版平台中"昙花一现"。从这个意义上说,自出版的出现,更像是"把关者""试验田""过滤网""试金石",经过自出版模式成功的作者或者作品,必有其优秀的特质,而反之,那些不成功的自出版作者或者作品,经过市场和时间的优胜劣汰,也会悄然淡出。所以针对自出版模式的管理,既需要宽松的制度,还需要轻松的态度,唯一不能放松的是对自出版模式创新趋势的关注。

参考文献

1. 中文文献

1.1 专著

1. 〔美〕迈克尔·波特著,陈小悦译. 竞争优势[M]. 北京:华夏出版社 2005 年版.
2. 〔美〕克里斯·安德森著,乔江涛译. 长尾理论[M]. 北京:中信出版社 2006 年版.
3. 〔英〕雷蒙·威廉斯. 文化与社会[M]. 长春:吉林出版集团 2011 年版.
4. 郝振省. 2011—2012 中国数字出版产业年度报告[M]. 北京:中国书籍出版社 2012 年版.
5. 郝振省. 国际出版业发展报告(2008 版)[M]. 北京:中国书籍出版社 2008 年版.
6. 郝振省. 2010—2011 中国出版业发展报告[M]. 北京:中国书籍出版社 2011 年版.
7. 黄孝章,张志林,陈丹. 数字出版产业发展模式研究[M]. 北京:知识产权出版社 2012 年版.
8. 周蔚华等. 数字传播与出版转型[M]. 北京:北京大学出版社 2011 年版.
9. 周蔚华. 出版产业研究[M]. 北京:中国人民大学出版社 2005 年版.
10. 赵晓东. 网络出版及其影响[M]. 北京:中国人民大学出版社 2008 年版.

1.2 报纸

1. 李淼. 数字出版,求新求变[N]. 中国新闻出版报. 2012-7-26.

2. 渠竞帆. 自出版能否热长久?[N]. 中国图书商报,2012-10-12.

3. 孙献涛. 自出版:冲击行业游戏规则[N]. 光明日报,2013-5-6.

4. 京东业内首推"名家电子书创作计划"[N]. 新浪读书,2013-3-29.

5. 张岱. 自出版成长空间几何?[N]. 中国图书商报,2012-12-4.

6. 岳纲举. 电子书催生"自出版"热潮[N]. 中国消费者报,2013-1-9.

7. 子萱. 自出版抢滩图书市场[N]. 中国文化报,2012-11-24.

8. 龚牟利. 自出版改写出版流程?[N]. 中国出版传媒商报,2015-1-23.

9. 筱舟. 电商"自出版"别只迷恋"大数据"[N]. 中国出版传媒商报,2014-10-24.

10. 刘婵. 自出版:眼下的现实以及未来的趋向[N]. 中国文化报,2014-03-14.

11. 白羽. 自出版:有环境才能有发展[N]. 新华书目报,2014-7-21.

12. 文枫. 自出版平台打造按需出版新模式[N]. 中国出版传媒商报,2014-9-12.

13. 周慧虹. "自出版"时代需顺势而为[N]. 中国文化报,2013-2-4.

14. 车兰兰. 自出版在中国时机尚未成熟[N]. 北京商报,2012-9-7.

15. 路艳霞. "自出版":新书怎么出,作家说了算[N]. 北京日报,2011-09-02.

16. 周飙. 自出版将为读者展现一片新天地[N]. 21世纪经济报道,2011-10-26.

17. 童之磊. 自出版浪潮来袭[N]. 中国新闻出版报,2013-8-1.

18. 王磊. 借社交网站自出版就有"钱途"?[N]. 文汇报,2013-9-24.

19. 刘志伟. 自出版平台或掀"出版2.0"创新?[N]. 中国出版传媒商报,2013-11-5.

20. 萧倩 编译. 英国自出版渐有"定力"[N]. 中国新闻出版报,2015－1－15.

21. 刘亚. 技术助力英美自出版平台商业模式创新[N]. 中国出版传媒商报, 2015－2－13.

22. 网络自助出版风行美国[N]. 国际金融报,2007－5－23.

1.3 期刊

1. 刘蒙之. 美国非传统图书出版业的发展现状与商业伦理争议[J]. 出版发行研究,2012(4).

2. 刘蒙之. 美国图书出版业"自出版"现象初探[J]. 编辑之友,2012(7).

3. 刘蒙之. 美国书评媒体的类型与定位[J]. 编辑之友,2012(10).

4. 刘蒙之. 美国自出版的发展现状与存在问题评析[J]. 现代出版,2011(11).

5. 王卉. 自出版:出版的新生存模式?[J]. 出版发行研究,2012(9).

6. 魏龙泉. 自出版风靡美国的7个理由[J]. 出版参考,2005(6).

7. 王武,彭巧灵. "出版平民化"的狂欢泡沫——析自助出版在中国普及的可行性和面临的困境[J]. 编辑之友,2012(12).

8. 王积龙,Blurb 自出版开启平民市场[J]. 出版参考(业内资讯版),2007(07S).

9. 石晶晶. 美国"自出版"的现状及启示[J]. 传媒观察,2013(4).

10. 刘荣. 数字自出版在中国的前景——制度和现实层面的解读[J]. 出版广角,2013(8).

11. 王钟雄. 微信或将推动数字出版新革命[J]. 出版广角,2013(8).

12. 吴荆棘. 出版业微信营销研究[J]. 中国出版,2013(8).

13. 刘文欣. 中国网络自出版现象考察[J]. 编辑学刊,2013(5).

14. 付宁华. 网络自出版的崛起对传统出版社的影响[J]. 编辑学刊,2013(4).

15. 林华. 自出版露端倪[J]. 中外文化交流,2013(8).

16. 马小琪. 数字自出版模式对我国传统出版业数字化转型的启示[J]. 出版

发行研究,2013(6).

17. 陈洁,陈佳.数字化时代自出版现状与困境探究——基于中美两国出版市场的比较[J].出版广角,2013(9).
18. Kindle自出版作者跻身畅销榜单[J].出版参考(业内资讯版),2013(2).
19. 张辛欣.在美国自出版电子书[J].上海文学,2013(1).
20. 郑一卉.美国自出版热潮评析[J].中国出版,2008(5).
21. 刘肖.网络自出版模式研究——基于"长尾理论"的分析视角[J].出版发行研究2007(11).
22. 练小川.一个自出版作者的销售数据[J].出版参考(业内资讯版),2012(19).
23. 培生集团收购自出版公司Author Solutions[J].出版参考(业内资讯版),2012(15).
24. 巴诺集团推出PubIt自出版服务[J].出版参考(业内资讯版),2010(14).
25. 颜春龙,从"丰饶经济学"到"长尾理论"——剖析Blurb自出版的成功之道[J].西南民族大学学报(人文社会科学版),2007(9).
26. 西蒙&舒斯特出版社推自出版服务[J].出版参考(业内资讯版),2012(24).
27. 古福.提供自出版服务的Tactilize[J].互联网周刊,2012(23).
28. 周莉华.新阅读时代传统出版业的转型升级[J].中国高校科技,2013(7).
29. "自出版"成主流新书怎么出作家说了算[J].出版参考(业内资讯版),2011(18).
30. 刘蒙之.美国图书"自出版"模式的历史、现状与评价[J].燕山大学学报(哲学社会科学版)2012(4).
31. 潘凯雄.数字出版三惑[J].出版人,2013(7).
32. 任翔.众筹与出版新思维——欧美众筹出版的现状与问题[J].科技与出版,2014(5).

1.4 学位论文

1. 朱凤. 自出版商业模式研究[D]. 上海师范大学, 2014.

2. 鱼冰彬. 豆瓣阅读数字自出版平台综合分析[D]. 陕西师范大学, 2014.

3. 王欣. 互联网时代的自出版平台研究[D]. 安徽大学, 2014.

4. 魏倩. 自媒体时代的出版业变革研究[D]. 北京印刷学院, 2015.

5. 丁新湍. 自出版研究[D]. 河北大学, 2014.

2. 外文文献

2.1 期刊

1. Poynter, D.: The Self-Publishing Manual. 9 Ed. [J]. *Photosynthetica*, 1999.

2. Simon Carolan, Christine Evain. Self-Publishing: Opportunities and Threats in a New Age of Mass Culture[J]. *Publishing Research Quarterly*, 2013.

3. Kevin Dunn, Maysummer Farnsworth. "We ARE the Revolution": Riot Grrrl Press, Girl Empowerment, and DIY Self-Publishing[J]. *Women's Studies*, 2012.

4. Jennifer Rauch. Hands-on Communication: Zine Circulation Rituals and the Interactive Limitations of Web Self-Publishing[J]. *Popular Communication*, 2004.

5. Pandelis Perakakis, Michael Taylor. Academic self-publishing: a not-so-distant future[J]. *Prometheus*, 2013.

6. Sekelani S. Banda. A Zambian Author's Contestation of Common Perspectives on Self-Publishing[J]. *Journal of Southern African Studies*, 2014.

7. Juris Dilevko, Keren Dali. The self-publishing phenomenon and libraries[J]. *Library and Information Science Research*, 2006.

8. Anonymous. FastPencil, Inc.; FastPencil Launches First Self-Publishing Platform for Aspiring Authors to Write, Share and Publish[J]. *Science*

Letter,2009.

9. Anonymous. Author Solutions, Inc.; Thomas Nelson Partners with Author Solutions to Launch Self-Publishing Imprint, WestBow Press[J]. *Journal of Technology*,2009.

10. Quirin Schiermeier. Self-publishing editor set to retire [J]. *Nature*,2008.

11. Anonymous. Study.Net Debuts New Site With Self-Publishing Capabilities[J]. *Wireless News*,2010.

12. Anonymous. Barnes & Noble introduces PubIt! for self-publishing authors[J]. *Telecomworldwire*,2010.

13. Steven Darian. The Fine Art of Self-Publishing: Everything You Need to Know About the Costs, Contracts, & Process of Self-Publishing[J]. *Technical communication*,2011.

14. Pack, Thomas. 'Craft' a Book Using Self-Publishing Venues[J]. *Information Today*,2010.

15. Anonymous. Tapjoy, Inc.; Tapjoy Fuels Self-Publishing for Mobile and Social Application Developers [J]. *Technology & Business Journal*,2011.

16. Elmasry, Faiza. More New Authors Turn to Self-Publishing[J]. *Voice of America News / FIND*,2011.

17. Anonymous. Bob Books Introduces Online Self-Publishing Bookshop[J]. *EN*,2011.

18. Hane, Paula J. Spotlight on the Self-Publishing Market[J]. *EN*,2012.

19. Hageman, Peggy. Self-Publishing Platforms: Getting Your Book Into the Marketplace[J]. *EN*,2012.

20. Hadro, Josh. What's the Problem with Self-Publishing[J]. *Library Journal*,2013.

21. Anonymous. Self-Publishing[J]. *Library Administrator's Digest*,2013.

22. Roper, Jenny. Business: Self-publishing—New authors seek out printers with the write stuff[J]. *Printweek*, 2013.

23. Anonymous. useful links for Self-publishing[J]. *Computer Acti-ve*, 2008.

24. Dawson, Laura. The Role of Self-Publishing in Libraries[J]. *Library Trends*, 2008.

25. Anonymous. Revolution Games Network Releases Web 3.0 Self-Publishing Services for Game Developers[J]. *Wireless News*, 2008.

26. Anonymous. ECD Systems; Revolution Games Network Announces Web 3.0 Self-Publishing Services for Game Developers[J]. *Internet Networks & Communications*, 2008.

27. Staley, Lissa. Leading Self-Publishing Efforts in Communities[J]. *American Libraries*, 2015.

28. Teysko, Heather, Novak, Tanya. More Self-Publishing Options for Libraries[J]. *Public Libraries*, 2014.

29. Schiermeier Quirin. Self-publishing editor set to retire.[J]. *Nature*, 2008, 4567221.

30. Weiss S J. Rapids, consultants, letters, Self-publishing and more... " The more things change, the more they stay the same".[J]. *The Journal of Clinical Investigation*, 1998.

31. Burdett Alfred N. Science communication: Self-publishing's benefits.[J]. *Science (New York, N.Y.)*, 2013.

32. Liu Chong, Wang Mei, An Wen Guang. Research and Implementation of Self-Publishing Website Platforms for Universities Based on CMS[J]. *International Journal of Advanced Pervasive and Ubiquitous Computing*, 2011.

33. Liu Chong, Wang Mei, An Wen Guang. Research and Implementation of Self-Publishing Website Platforms for Universities Based on CMS.[J].

IJAPUC,2011.

34. Quirin Schiermeier. Self-publishing editor set to retire [J]. *Nature*,2008.

2.2 学位论文

1. Dilevko, Juris & Dali, Keren. The Self-publishing phenomenon and libraries[D]. *Library & Information Science Research*, 2006(28):208—234.

3. 网站

1. LuLu 网站. http://www.lulu.com.
2. CreateSpace 网站. https://www.createspace.com.
3. Smashwords 网站. https://www.smashwords.com.
4. 百道网. http://www.bookdao.com.

附　录

附录一

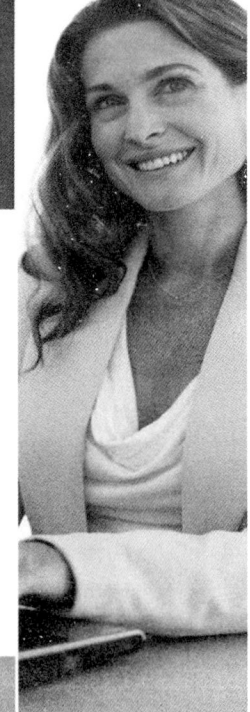

Bowker
a ProQuest affiliate
ISBN Output for USA Self-Publishers, 2007-2012
Total Print & Ebooks
Source: Bowker Books In Print® database

NAME	2007	2008	2009	2010	2011	2012	increase 2011-12	%increase 2011-12	increase 2007-12	%increase 2007-2012
CreateSpace	3,804	11,498	25,213	35,693	58,862	131,460	72,598	123.34%	127,656	3355.84%
Smashwords *	0	65	2,290	11,787	40,614	90,252	49,638	122.22%	90,252	n/a
Lulu Enterprises Inc. **	6,341	8,659	10,589	20,278	38,005	57,531	19,526	51.38%	51,190	807.29%
Xlibris (Div. of Author Solutions)	5,411	9,194	12,726	19,421	17,790	14,646	-3,144	-17.67%	9,235	170.67%
AuthorHouse (Div. of Author Solutions)	10,546	10,708	13,947	11,813	17,612	14,256	-3,356	-19.06%	3,710	35.18%
iUniverse (Div. of Author Solutions)	7,613	6,907	8,078	6,569	8,564	6,555	-2,009	-23.46%	-1,058	-13.90%
Trafford (Div. of Author Solutions)	1,680	1,068	2,451	2,839	3,637	4,793	1,156	31.78%	3,113	185.30%
WestBow Press (imprint of Author Solutions)	1	0	7	719	2,369	3,869	1,500	63.32%	3,868	386800.00%
PublishAmerica	4,866	5,160	5,795	7,202	5,350	3,692	-1,658	-30.99%	-1,174	-24.13%
Independent Publisher (Bar Code Graphics)	386	337	1,880	3,821	3,557	2,872	-685	-19.26%	2,486	644.04%
Palibrio (Div. of Author Solutions)	0	0	0	80	1,861	2,387	526	28.26%	2,387	n/a
BookBaby	53	49	90	197	1,287	2,376	1,089	84.62%	2,323	4383.02%
Salem Publishing Solutions [formerly Xulon Press]	1,503	1,675	1,467	1,480	1,604	2,201	597	37.22%	698	46.44%
Blurb	0	16	36	51	264	2,091	1,827	692.05%	2,091	n/a
Outskirts Press	1,265	1,533	1,595	1,579	1,489	1,824	335	22.50%	559	44.19%
Balboa Press (Div. of Hay House)	0	0	0	51	635	1,557	922	145.20%	1,557	n/a
Dorrance	721	711	1,025	1,301	851	854	3	0.35%	133	18.45%
Balboa Press (imprint of Author Solutions)	0	0	0	54	539	812	273	50.65%	812	n/a
Infinity Publishing	660	663	624	727	730	723	-7	-0.96%	63	9.55%
Dog Ear Publishing	197	282	419	497	485	537	52	10.72%	340	172.59%
Abbott Press (imprint of Author Solutions)	0	0	0	0	135	519	384	284.44%	519	n/a
Inspiring Voices (imprint of Author Solutions)	0	0	0	0	38	393	355	934.21%	393	n/a
Booklocker.com	332	306	416	427	398	347	-51	-12.81%	15	4.52%
Telemachus Press	0	0	3	43	175	246	71	40.57%	246	n/a
Inkwater	73	63	65	92	155	158	3	1.94%	85	116.44%
WinePress	32	39	45	27	23	158	135	586.96%	126	393.75%
BookBaby Print	0	0	0	0	6	151	145	2416.67%	151	n/a
Wasteland Press	94	104	114	127	133	136	3	2.26%	42	44.68%
Virtualbookworm.com	138	145	160	122	148	135	-13	-8.78%	-3	-2.17%
Vantage Press	263	235	190	110	128	125	-3	-2.34%	-138	-52.47%
Mill City Press (imprint of Hillcrest Publishing)	50	70	76	122	101	111	10	9.90%	61	122.00%
Instant Publisher	448	244	168	142	122	84	-38	-31.15%	-364	-81.25%
Greenleaf Book Group	9	40	55	63	201	81	-120	-59.70%	72	800.00%
Wheatmark	242	231	129	125	95	77	-18	-18.95%	-165	-68.18%
Troy Book Makers	15	28	39	54	64	74	10	15.63%	59	393.33%
eBookit.com	0	0	0	2	21	58	37	176.19%	58	n/a
JETLAUNCH [formerly Red Willow]	0	0	0	3	69	58	-11	-15.94%	58	n/a
Aardvark Global	595	703	641	446	359	55	-304	-84.68%	-540	-90.76%
Aventine Press	71	48	64	58	58	46	-12	-20.69%	-25	-35.21%
Robertson Publishing	21	31	39	38	45	41	-4	-8.89%	20	95.24%
Book Publishers Network	13	11	23	33	36	38	2	5.56%	25	192.31%
Dancing Moon	8	15	16	8	24	30	6	25.00%	22	275.00%
Llumina Press (imprint of Aeon Publishing)	160	160	132	125	72	30	-42	-58.33%	-130	-81.25%
Wyatt-MacKenzie	24	26	26	22	21	24	3	14.29%	0	0.00%
Mintright	0	2	5	0	946	22	-924	-97.67%	22	n/a
Pfoxmoor Publishing	0	0	0	7	77	21	-56	-72.73%	21	n/a
Concierge	0	1	6	8	10	14	4	40.00%	14	n/a
Anaphora Literary Press	0	0	0	0	22	12	-10	-45.45%	12	n/a
Selah Publishing Group	20	14	16	23	11	8	-3	-27.27%	-12	-60.00%
Biographical Publishing Company	5	4	1	3	13	7	-6	-46.15%	2	40.00%
Chapel Hill Press	4	7	2	7	9	4	-5	-55.56%	0	0.00%
DellArte Press (imprint of Author Solutions)	0	0	0	9	3	2	-1	-33.33%	2	n/a
Insight Publishing	23	25	29	20	8	2	-6	-75.00%	-21	-91.30%
IndyPublish.com ***	12,587	8,556	2,500	0	0	0	0	n/a	-12,587	-100.00%
Pleasant Word (Div. of Winepress)	191	184	176	239	187	0	-187	-100.00%	-191	-100.00%
Small Publishers ****	14,532	15,651	17,981	24,409	36,894	43,213	6,319	17.13%	28,681	197.36%
TOTALS	74,997	85,468	111,359	152,871	246,912	391,768	144,856	58.67%	316,771	422.38%

* 2012 figure provided by Smashwords on 9/9/2013
** 2012 figure provided by Lulu on 6/24/2013
*** No longer accepting manuscripts
**** Small publishers are those who have produced 10 or fewer ISBNs in total

ISBN Output for USA Self-Publishers, 2007-2012
Print Books
Source: Bowker Books In Print® database

NAME	2007	2008	2009	2010	2011	2012	increase 2011-12	% increase 2011-12	increase 2007-12	% increase 2007-2012
CreateSpace	3,804	11,498	25,212	35,686	58,857	131,456	72,599	123.35%	127,652	3355.73%
Lulu Enterprises Inc. *	6,338	8,658	10,587	11,681	25,461	27,470	2,009	7.89%	21,132	333.42%
Xlibris (Div. of Author Solutions)	4,523	7,761	10,322	13,416	11,653	10,281	-1,372	-11.77%	5,758	127.30%
AuthorHouse (Div. of Author Solutions)	6,780	7,394	9,523	8,705	11,324	9,135	-2,189	-19.33%	2,355	34.73%
iUniverse (Div. of Author Solutions)	5,406	4,578	5,099	4,702	5,272	4,351	-921	-17.47%	-1,055	-19.52%
PublishAmerica	4,866	5,160	5,794	7,201	5,350	3,692	-1,658	-30.99%	-1,174	-24.13%
Trafford (Div. of Author Solutions)	1,065	743	1,647	1,995	2,326	2,998	672	28.89%	1,933	181.50%
Independent Publisher (Bar Code Graphics)	378	327	1,866	3,689	3,272	2,566	-706	-21.58%	2,188	578.84%
WestBow Press (imprint of Author Solutions)	1	0	6	502	1,466	2,503	1,037	70.74%	2,502	250200.00%
Outskirts Press	1,265	1,533	1,595	1,576	1,489	1,824	335	22.50%	559	44.19%
Salem Publishing Solutions [formerly Xulon Press]	1,503	1,675	1,467	1,480	1,601	1,552	-49	-3.06%	49	3.26%
Palibrio (Div. of Author Solutions)	0	0	0	12	1,213	1,550	337	27.78%	1,550	n/a
Balboa Press (Div. of Hay House)	0	0	0	9	363	1245	882	242.98%	1,245	n/a
Dorrance	717	699	875	1,089	850	852	2	0.24%	135	18.83%
Infinity Publishing	660	663	624	502	538	587	49	9.11%	-73	-11.06%
Dog Ear Publishing	197	282	417	495	485	537	52	10.72%	340	172.59%
Booklocker.com	299	272	354	309	383	347	-36	-9.40%	48	16.05%
Abbott Press (imprint of Author Solutions)	0	0	0	0	82	316	234	285.37%	316	n/a
Inspiring Voices (imprint of Author Solutions)	0	0	0	0	19	203	184	968.42%	203	n/a
Balboa Press (imprint of Author Solutions)	0	0	0	53	344	193	-151	-43.90%	193	n/a
WinePress	32	39	44	27	23	158	135	586.96%	126	393.75%
BookBaby Print	0	0	0	0	6	151	145	2416.67%	151	n/a
Wasteland Press	94	104	114	127	133	136	3	2.26%	42	44.68%
Virtualbookworm.com	138	145	160	118	148	135	-13	-8.78%	-3	-2.17%
Vantage Press	263	235	190	110	128	125	-3	-2.34%	-138	-52.47%
Telemachus Press	0	0	1	15	59	90	31	52.54%	90	n/a
Instant Publisher	448	244	165	140	116	82	-34	-29.31%	-366	-81.70%
Wheatmark	242	231	129	124	95	77	-18	-18.95%	-165	-68.18%
Mill City Press (imprint of Hillcrest Publishing)	50	70	74	108	89	74	-15	-16.85%	24	48.00%
Inkwater	71	62	61	51	77	64	-13	-16.88%	-7	-9.86%
Troy Book Makers	15	28	38	54	59	58	-1	-1.69%	43	286.67%
Aardvark Global	547	668	607	432	353	55	-298	-84.42%	-492	-89.95%
Aventine Press	71	48	64	58	58	46	-12	-20.69%	-25	-35.21%
Greenleaf Book Group	7	30	36	35	139	41	-98	-70.50%	34	485.71%
Robertson Publishing	21	31	39	38	45	41	-4	-8.89%	20	95.24%
Llumina Press (imprint of Aeon Publishing)	160	160	132	125	53	30	-23	-43.40%	-130	-81.25%
JETLAUNCH [formerly Red Willow]	0	0	0	1	23	28	5	21.74%	28	n/a
eBookIt.com	0	0	0	0	3	24	21	700.00%	24	n/a
Wyatt-MacKenzie	24	26	26	22	21	24	3	14.29%	0	0.00%
Book Publishers Network	13	11	23	33	31	20	-11	-35.48%	7	53.85%
Dancing Moon	8	14	15	6	24	17	-7	-29.17%	9	112.50%
Anaphora Literary Press	0	0	0	0	22	12	-10	-45.45%	12	n/a
Selah Publishing Group	20	14	16	23	11	8	-3	-27.27%	-12	-60.00%
Biographical Publishing Company	5	4	1	3	11	7	-4	-36.36%	2	40.00%
Concierge	0	1	6	2	3	7	4	133.33%	7	n/a
Chapel Hill Press	4	7	2	7	9	4	-5	-55.56%	0	0.00%
Insight Publishing	23	25	29	20	8	2	-6	-75.00%	-21	-91.30%
DellArte Press (imprint of Author Solutions)	0	0	0	4	2	1	-1	-50.00%	1	n/a
Pfoxmoor Publishing	0	0	0	3	23	1	-22	-95.65%	1	n/a
Blurb	0	0	0	0	0	0	0	n/a	0	n/a
BookBaby	0	0	0	0	1	0	-1	-100.00%	0	n/a
IndyPublish.com **	12,587	8,556	2,500	0	0	0	n/a	n/a	-12,587	-100.00%
Mintright	0	0	0	0	0	0	n/a	n/a	0	n/a
Pleasant Word (Div. of Winepress)	191	184	176	239	187	0	-187	-100.00%	-191	-100.00%
Smashwords	0	0	0	0	0	0	n/a	n/a	0	n/a
Small Publishers ***	13,896	14,952	16,688	19,081	24,366	29,755	5,389	22.12%	15,859	114.13%
TOTALS	66,732	77,132	96,724	114,108	158,674	234,931	76,257	48.06%	168,199	252.05%

* 2012 figure provided by Lulu on 6/24/2013
** No longer accepting manuscripts
*** Small publishers are those who have produced 10 or fewer ISBNs in total

ISBN Output for USA Self-Publishers, 2007-2012
EBooks
Source: Bowker Books In Print® database

NAME	2007	2008	2009	2010	2011	2012	increase 2011-12	%increase 2011-12	increase 2007-12	%increase 2007-2012
Smashwords *	0	65	2,290	11,787	40,614	90,252	49,638	122.22%	90,252	n/a
Lulu Enterprises Inc. **	3	1	2	8,597	12,544	30,061	17,517	139.64%	30,058	1001933.33%
AuthorHouse (Div. of Author Solutions)	3,766	3,314	4,424	2,908	6,288	5,121	-1,167	-18.56%	1,355	35.98%
Xlibris (Div. of Author Solutions)	888	1,433	2,404	6,005	6,137	4,365	-1,772	-28.87%	3,477	391.55%
BookBaby	53	49	90	197	1,286	2,376	1,090	84.76%	2,323	4383.02%
iUniverse (Div. of Author Solutions)	2,207	2,329	2,979	1,867	3,292	2,204	-1,088	-33.05%	-3	-0.14%
Blurb	0	16	36	51	264	2,091	1,827	692.05%	2,091	n/a
Trafford (Div. of Author Solutions)	615	325	804	844	1,311	1,795	484	36.92%	1,180	191.87%
WestBow Press (imprint of Author Solutions)	0	0	1	217	903	1,366	463	51.27%	1,366	n/a
Palibrio (Div. of Author Solutions)	0	0	0	68	848	837	189	29.17%	837	n/a
Salem Publishing Solutions [formerly Xulon Press]	0	0	0	0	3	649	646	21533.33%	649	n/a
Balboa Press (imprint of Author Solutions)	0	0	0	1	195	619	424	217.44%	619	n/a
Balboa Press (Div. of Hay House)	0	0	0	42	272	312	40	14.71%	312	n/a
Independent Publisher (Bar Code Graphics)	8	10	24	132	285	306	21	7.37%	298	3725.00%
Abbott Press (imprint of Author Solutions)	0	0	0	0	53	203	150	283.02%	203	n/a
Inspiring Voices (imprint of Author Solutions)	0	0	0	0	19	190	171	900.00%	190	n/a
Telemachus Press	0	0	2	28	116	156	40	34.48%	156	n/a
Infinity Publishing	0	0	0	225	192	136	-56	-29.17%	136	n/a
Inkwater	2	1	4	41	78	94	16	20.51%	92	4600.00%
Greenleaf Book Group	2	10	19	28	62	40	-22	-35.48%	38	1900.00%
Mill City Press (imprint of Hillcrest Publishing)	0	0	2	14	12	37	25	208.33%	37	n/a
eBookit.com	0	0	0	2	18	34	16	88.89%	34	n/a
JETLAUNCH [formerly Red Willow]	0	0	0	2	46	30	-16	-34.78%	30	n/a
Mintright	0	2	5	0	946	22	-924	-97.67%	22	n/a
Pfoxmoor Publishing	0	0	0	4	54	20	-34	-62.96%	20	n/a
Book Publishers Network	0	0	0	0	5	18	13	260.00%	18	n/a
Troy Book Makers	0	0	1	0	5	16	11	220.00%	16	n/a
Dancing Moon	0	1	1	0	0	13	13	n/a	13	n/a
Concierge	0	0	0	6	7	7	0	0.00%	7	n/a
CreateSpace	0	0	1	7	5	4	-1	-20.00%	4	n/a
Dorrance	4	12	150	212	1	2	1	100.00%	-2	-50.00%
Instant Publisher	0	0	3	2	6	2	-4	-66.67%	2	n/a
DellArte Press (imprint of Author Solutions)	0	0	0	5	1	1	0	0.00%	1	n/a
Aardvark Global	48	35	34	14	6	0	-6	-100.00%	-48	-100.00%
Anaphora Literary Press	0	0	0	0	0	0		n/a	0	n/a
Aventine Press	0	0	0	0	0	0		n/a	0	n/a
Biographical Publishing Company	0	0	0	0	2	0	-2	-100.00%	0	n/a
BookBaby Print	0	0	0	0	0	0		n/a	0	n/a
Booklocker.com	33	34	62	118	15	0	-15	-100.00%	-33	-100.00%
Chapel Hill Press	0	0	0	0	0	0		n/a	0	n/a
Dog Ear Publishing	0	0	2	2	0	0		n/a	0	n/a
IndyPublish.com ***	0	0	0	0	0	0		n/a	0	n/a
Insight Publishing	0	0	0	0	0	0		n/a	0	n/a
Llumina Press (imprint of Aeon Publishing)	0	0	0	0	19	0	-19	-100.00%	0	n/a
Outskirts Press	0	0	0	3	0	0		n/a	0	n/a
Pleasant Word (Div. of Winepress)	0	0	0	0	0	0		n/a	0	n/a
PublishAmerica	0	0	1	1	0	0		n/a	0	n/a
Robertson Publishing	0	0	0	0	0	0		n/a	0	n/a
Selah Publishing Group	0	0	0	0	0	0		n/a	0	n/a
Vantage Press	0	0	0	0	0	0		n/a	0	n/a
Virtualbookworm.com	0	0	0	4	0	0		n/a	0	n/a
Wasteland Press	0	0	0	0	0	0		n/a	0	n/a
Wheatmark	0	0	0	1	0	0		n/a	0	n/a
WinePress	0	0	1	0	0	0		n/a	0	n/a
Wyatt-MacKenzie	0	0	0	0	0	0		n/a	0	n/a
Small Publishers ****	636	699	1,293	5,328	12,528	13,458	930	7.42%	12,822	2016.04%
TOTALS	8,265	8,336	14,635	38,763	88,238	156,837	68,599	77.74%	148,572	1797.60%

* 2012 figure provided by Smashwords on 9/9/2013
** 2012 figure provided by Lulu on 6/24/2013
*** No longer accepting manuscripts
**** Small publishers are those who have produced 10 or fewer ISBNs in total

ISBN Output, 2007-2012
Author Solutions - Total Print & EBooks
Source: Bowker Books In Print ® database

NAME	2007	2008	2009	2010	2011	2012	increase 2011-12	% increase 2011-12	increase 2007-12	% increase 2007-2012
Xlibris (Div. of Author Solutions)	5,411	9,194	12,726	19,421	17,790	14,646	-3,144	-17.67%	9,235	170.67%
AuthorHouse (Div. of Author Solutions)	10,546	10,708	13,947	11,613	17,612	14,256	-3,356	-19.06%	3,710	35.18%
iUniverse (Div. of Author Solutions)	7,613	6,907	8,078	6,569	8,564	6,555	-2,009	-23.46%	-1,058	-13.90%
Trafford (Div. of Author Solutions)	1,680	1,068	2,451	2,839	3,637	4,793	1,156	31.78%	3,113	185.30%
WestBow Press (imprint of Author Solutions)	1	0	7	719	2,369	3,869	1,500	63.32%	3,868	386800.00%
Palibrio (Div. of Author Solutions)	0	0	0	80	1,861	2,387	526	28.26%	2,387	n/a
Balboa Press (imprint of Author Solutions)	0	0	0	54	539	812	273	50.65%	812	n/a
Abbott Press (imprint of Author Solutions)	0	0	0	0	135	519	384	284.44%	519	n/a
Inspiring Voices (imprint of Author Solutions)	0	0	0	0	38	393	355	934.21%	393	n/a
DellArte Press (imprint of Author Solutions)	0	0	0	9	3	2	-1	-33.33%	2	n/a
TOTALS	25,251	27,877	37,209	41,304	52,548	48,232	-4,316	-8.21%	22,981	91.01%

Author Solutions - Print Books
Source: Bowker Books In Print ® database

NAME	2007	2008	2009	2010	2011	2012	increase 2011-12	% increase 2011-12	increase 2007-12	% increase 2007-2012
Xlibris (Div. of Author Solutions)	4,523	7,761	10,322	13,416	11,653	10,281	-1,372	-11.77%	5,758	127.30%
AuthorHouse (Div. of Author Solutions)	6,780	7,394	9,523	8,705	11,324	9,135	-2,189	-19.33%	2,355	34.73%
iUniverse (Div. of Author Solutions)	5,406	4,578	5,099	4,702	5,272	4,351	-921	-17.47%	-1,055	-19.52%
Trafford (Div. of Author Solutions)	1,065	743	1,647	1,995	2,326	2,998	672	28.89%	1,933	181.50%
WestBow Press (imprint of Author Solutions)	1	0	6	502	1,466	2,503	1,037	70.74%	2,502	250200.00%
Palibrio (Div. of Author Solutions)	0	0	0	12	1,213	1,550	337	27.78%	1,550	n/a
Abbott Press (imprint of Author Solutions)	0	0	0	0	82	316	234	285.37%	316	n/a
Inspiring Voices (imprint of Author Solutions)	0	0	0	0	19	203	184	968.42%	203	n/a
Balboa Press (imprint of Author Solutions)	0	0	0	53	344	193	-151	-43.90%	193	n/a
DellArte Press (imprint of Author Solutions)	0	0	0	4	2	1	-1	-50.00%	1	n/a
TOTALS	17,775	20,476	26,597	29,389	33,701	31,531	-2,170	-6.44%	13,756	77.39%

Author Solutions - EBooks
Source: Bowker Books In Print ® database

NAME	2007	2008	2009	2010	2011	2012	increase 2011-12	% increase 2011-12	increase 2007-12	% increase 2007-2012
AuthorHouse (Div. of Author Solutions)	3,766	3,314	4,424	2,908	6,288	5,121	-1,167	-18.56%	1,355	35.98%
Xlibris (Div. of Author Solutions)	888	1,433	2,404	6,005	6,137	4,365	-1,772	-28.87%	3,477	391.55%
iUniverse (Div. of Author Solutions)	2,207	2,329	2,979	1,867	3,292	2,204	-1,088	-33.05%	-3	-0.14%
Trafford (Div. of Author Solutions)	615	325	804	844	1,311	1,795	484	36.92%	1,180	191.87%
WestBow Press (imprint of Author Solutions)	0	0	1	217	903	1,366	463	51.27%	1,366	n/a
Palibrio (Div. of Author Solutions)	0	0	0	68	648	837	189	29.17%	837	n/a
Balboa Press (imprint of Author Solutions)	0	0	0	1	195	619	424	217.44%	619	n/a
Abbott Press (imprint of Author Solutions)	0	0	0	0	53	203	150	283.02%	203	n/a
Inspiring Voices (imprint of Author Solutions)	0	0	0	0	19	190	171	900.00%	190	n/a
DellArte Press (imprint of Author Solutions)	0	0	0	5	1	1	0	0.00%	1	n/a
TOTALS	7,476	7,401	10,612	11,915	18,847	16,701	-2,146	-11.39%	9,225	123.39%

a ProQuest® affiliate

Self-Publishing Movement Continues Strong Growth in U.S., Says Bowker

2012 ISBNs show nearly 60% more self-published works than in 2011

October 9, 2013 (New Providence, NJ) A new analysis of U.S. ISBN data by ProQuest affiliate Bowker reveals that the number of self-published titles in 2012 jumped to more than 391,000, up 59 percent over 2011 and 422 percent over 2007. Ebooks continue to gain on print, comprising 40 percent of the ISBNs that were self-published in 2012, up from just 11 percent in 2007.

"The most successful self-publishers don't view themselves as writers only, but as business owners," said Beat Barblan, Bowker Director of Identifier Services. "They invest in their businesses, hiring experts to fill skill gaps and that's building a thriving new service infrastructure in publishing."

The analysis shows the growing prominence of a handful of companies that offer publishing services to individual authors. More than 80 percent of self-published titles came to market with support from just eight companies, including Smashwords and CreateSpace.

Bowker's research on self-publishing includes surveys of authors that provide insight into where the market is going and services required by these writers. Those who intend to self-publish most often plan to bring fiction to market, followed by inspirational or spiritual works, books for children and biographies. The majority cite finding a traditional publisher as an obstacle. They also feel challenged by marketing – a hurdle that becomes bigger with increasing numbers of books in the market.

Bowker provides a spectrum of services for small publishers through resources such as www.selfpublishedauthor.com, www.myidentifiers.com and www.bookwire.com. To view Bowker's 2012 report on self-publishing visit www.selfpublishedauthor.com.

About Bowker® www.bowker.com

Bowker is the world's leading provider of bibliographic information and management solutions designed to help publishers, booksellers, and libraries better serve their customers. Creators of products and services that make books easier for people to discover, evaluate, order, and experience, the company also generates research and resources for publishers, helping them understand and meet the interests of readers worldwide. Bowker, a ProQuest affiliate, is the official ISBN Agency for the United States and its territories. The company is headquartered in New Providence, New Jersey, with additional operations in England and Australia.

附录二

Self-Publishing in the United States, 2008-2013

Print and Ebook

Prepared by Bowker®

Self-Publishing in the United States 2008-2013:
Print vs. Ebook

Table of Contents

Overview	3
ISBN Output for USA Self-Publishers, 2008-2013	
Total Print and Ebook	4
Print books	5
Ebooks	6
Author Solutions Output	7
Press Release: *Self-Publishing Movement Continues Strong Growth in U.S., Says Bowker®*	8

Copyright © 2014 Bowker® LLC.
All rights reserved.

No part of this report may be reproduced or distributed in any manner whatsoever without the express permission of Bowker.

Overview

When Bowker® first reported on self-publishing, the Overview started with this sentence: "This report documents the explosive growth of self-publishing and self-publishing services in the United States between the years 2006 and 2011." This latest report covering the years from 2008 – 2013 tells a slightly different story. While self-publishing is alive and well and still showing very healthy growth rates, gone are the days of 60% growth year over year. As the charts in this report show, self-publishing has matured and slowed down to a steadier, less frantic pace.

The report comprises six charts. The first three are a breakdown of titles by publisher by year (Total Print and Ebook, Print only, Ebook only). The remaining charts provide a consolidated view of the output from the divisions of Author Solutions.

The numbers are counts as of 08-06-2014 of ISBNs registered in the Bowker Books In Print® database and published or distributed in the United States. The year refers to the year of publication provided by publishers for each ISBN. Self-publishers and service providers were identified from the Bowker® Publisher Authority Database. The numbers shown in the line for Small Publishers are for those publishers who have produced ten or fewer ISBNs. These small publishers represent the true do-it-yourself individuals and organizations that obtain a single ISBN or a block of ten ISBNs from the US ISBN Agency.

Bowker first released self-publishing statistics to the media in 2011 (See USA Today, Aug 1, 2011, p. 1, Snapshot graphic). For the current report, the number of self-publishing companies was increased, and the back-year statistics were updated to include titles from these newly identified producers.

Bowker regularly publishes statistical reports on the publishing industry. Please send us your feedback, questions, and suggestions. They will help us immensely as we plan for the release of the 2014 numbers.

Should you have any questions please contact Beth Dempsey.
Beth@bethdempsey.com or 248-915-8160

ISBN Output for USA Self-Publishers, 2008-2013
Total Print & Ebooks
Source: Bowker Books In Print® database

NAME	2008	2009	2010	2011	2012	2013	increase 2012-13	%increase 2012-13	increase 2008-13	%increase 2008-2013
CreateSpace	11,498	25,213	35,693	58,862	131,460	186,926	55,466	42.19%	175,428	1525.73%
Smashwords *	65	2,290	11,787	40,614	90,252	85,500	-4,752	-5.27%	85,435	131438.46%
Lulu Enterprises Inc. **	8,659	10,589	20,278	38,005	57,531	74,787	17,256	29.99%	66,128	763.69%
Xlibris (Div. of Author Solutions)	9,194	12,726	19,421	17,790	14,646	13,990	-656	-4.48%	4,796	52.16%
AuthorHouse (Div. of Author Solutions)	10,708	13,947	11,613	17,612	14,256	11,835	-2,421	-16.98%	1,127	10.52%
iUniverse (Div. of Author Solutions)	6,907	8,078	6,569	8,564	6,555	4,640	-1,915	-29.21%	-2,267	-32.82%
Trafford (Div. of Author Solutions)	1,068	2,451	2,839	3,637	4,793	4,000	-793	-16.54%	2,932	274.53%
WestBow Press (imprint of Author Solutions)	0	7	719	2,369	3,869	3,476	-393	-10.16%	3,476	n/a
Blurb, Inc.	16	36	51	264	2,091	2,842	751	35.92%	2,826	17662.50%
PublishAmerica	5,160	5,795	7,202	5,350	3,692	2,821	-871	-23.59%	-2,339	-45.33%
Salem Publishing Solutions [formerly Xulon Press]	1,675	1,467	1,480	1,604	2,201	2,544	343	15.58%	869	51.88%
BookBaby	49	90	197	1,287	2,376	2,510	134	5.64%	2,461	5022.45%
Independent Publisher (Bar Code Graphics)	337	1,890	3,821	3,557	2,872	2,495	-377	-13.13%	2,158	640.36%
Palibrio (Div. of Author Solutions)	0	0	80	1,861	2,387	2,238	-149	-6.24%	2,238	n/a
Outskirts Press	1,533	1,595	1,579	1,489	1,824	1,931	107	5.87%	398	25.96%
Balboa Press (imprint of Author Solutions)	0	0	54	539	812	1,652	840	103.45%	1,652	n/a
Booktango (Div. of Author Solutions)	0	0	0	0	1,653	1,559	-94	-5.69%	1,559	n/a
eBookit.com	0	0	2	21	58	982	924	1593.10%	982	n/a
Balboa Press (Div. of Hay House)	0	0	51	635	1,557	591	-966	-62.04%	591	n/a
Dorrance	711	1,025	1,301	851	854	577	-277	-32.44%	-134	-18.85%
Dog Ear Publishing	282	419	497	485	537	511	-26	-4.84%	229	81.21%
Abbott Press (imprint of Author Solutions)	0	0	0	135	519	482	-37	-7.13%	482	n/a
PartridgeIndia (imprint of Author Solutions)	0	0	0	0	0	398	398	n/a	398	n/a
Infinity Publishing	663	624	727	730	723	365	-358	-49.52%	-298	-44.95%
Booklocker.com	306	416	427	398	347	301	-46	-13.26%	-5	-1.63%
Inspiring Voices (imprint of Author Solutions)	0	0	0	38	393	297	-96	-24.43%	297	n/a
BookBaby Print	0	0	0	6	151	217	66	43.71%	217	n/a
Telemachus Press	0	3	43	175	246	199	-47	-19.11%	199	n/a
Virtualbookworm.com	145	160	122	148	135	139	4	2.96%	-6	-4.14%
Inkwater	63	65	92	155	158	130	-28	-17.72%	67	106.35%
Mill City Press (imprint of Hillcrest Publishing)	70	76	122	101	111	130	19	17.12%	60	85.71%
Greenleaf Book Group	40	55	63	201	81	116	35	43.21%	76	190.00%
Wasteland Press	104	114	127	133	136	109	-27	-19.85%	5	4.81%
WinePress	39	45	27	23	158	106	-52	-32.91%	67	171.79%
Troy Book Makers	28	39	54	64	74	73	-1	-1.35%	45	160.71%
Wheatmark	231	129	125	95	77	67	-10	-12.99%	-164	-71.00%
Instant Publisher	244	168	142	122	84	66	-18	-21.43%	-178	-72.95%
JETLAUNCH [formerly Red Willow]	0	0	3	69	58	63	5	8.62%	63	n/a
Book Publishers Network	11	23	33	36	38	36	-2	-5.26%	25	227.27%
Aventine Press	48	64	58	58	46	34	-12	-26.09%	-14	-29.17%
Robertson Publishing	31	39	38	45	41	31	-10	-24.39%	0	0.00%
Anaphora Literary Press	0	0	0	22	12	24	12	100.00%	24	n/a
Wyatt-MacKenzie	26	26	22	21	24	23	-1	-4.17%	-3	-11.54%
Biographical Publishing Company	4	1	3	13	7	19	12	171.43%	15	375.00%
Llumina Press (imprint of Aeon Publishing)	160	132	125	72	30	17	-13	-43.33%	-143	-89.38%
Dancing Moon	15	16	6	24	30	16	-14	-46.67%	1	6.67%
Aardvark Global	703	641	446	359	55	9	-46	-83.64%	-694	-98.72%
Concierge Marketing, Inc.	1	6	8	10	14	6	-8	-57.14%	5	500.00%
Mintright	2	5	0	946	22	6	-16	-72.73%	4	200.00%
CrossBooks (imprint of Author Solutions)	0	0	0	0	0	5	5	n/a	5	n/a
Vantage Press	235	190	110	128	125	5	-120	-96.00%	-230	-97.87%
Chapel Hill Press	7	2	7	9	4	4	0	0.00%	-3	-42.86%
Pfoxmoor Publishing	0	0	7	77	21	4	-17	-80.95%	4	n/a
Selah Publishing Group	14	16	23	11	8	3	-5	-62.50%	-11	-78.57%
DellArte Press (imprint of Author Solutions)	0	0	9	3	2	2	0	0.00%	2	n/a
Pleasant Word (Div. of Winepress)	184	176	239	187	0	1	1	n/a	-183	-99.46%
IndyPublish.com ***	8,556	2,500	0	0	0	0	0	n/a	-8,556	-100.00%
Insight Publishing	25	29	20	8	2	0	-2	-100.00%	-25	-100.00%
Small Publishers ****	15,651	17,981	24,409	36,894	43,213	46,654	3,441	7.96%	31,003	198.09%
TOTALS	85,468	111,359	152,871	246,912	393,421	458,564	65,143	16.56%	373,096	436.53%

* 2013 figure provided by Smashwords on 7/28/2014
** 2013 figure provided by Lulu on 8/15/2014
*** No longer accepting manuscripts
**** Small publishers are those who have produced 10 or fewer ISBNs in tota

Bowker
a ProQuest affiliate

ISBN Output for USA Self-Publishers, 2008-2013
Total Print Books
Source: Bowker Books In Print® database

NAME	2008	2009	2010	2011	2012	2013	increase 2012-13	%increase 2012-13	increase 2008-13	%increase 2008-2013
CreateSpace	11,498	25,212	35,686	58,857	131,456	186,926	55,470	42.20%	175,428	1525.73%
Lulu Enterprises Inc. *	8,658	10,587	11,681	25,461	27,470	40,895	13,425	48.87%	32,237	372.34%
Xlibris (Div. of Author Solutions)	7,761	10,322	13,416	11,653	10,281	9,319	-962	-9.36%	1,558	20.07%
AuthorHouse (Div. of Author Solutions)	7,394	9,523	8,705	11,324	9,135	7,498	-1,637	-17.92%	104	1.41%
iUniverse (Div. of Author Solutions)	4,578	5,099	4,702	5,272	4,351	3,147	-1,204	-27.67%	-1,431	-31.26%
PublishAmerica	5,160	5,794	7,201	5,350	3,692	2,821	-871	-23.59%	-2,339	-45.33%
Trafford (Div. of Author Solutions)	743	1,647	1,995	2,326	2,998	2,463	-535	-17.85%	1,720	231.49%
WestBow Press (imprint of Author Solutions)	0	6	502	1,466	2,503	2,362	-141	-5.63%	2,362	n/a
Independent Publisher (Bar Code Graphics)	327	1,866	3,689	3,272	2,566	2,115	-451	-17.58%	1,788	546.79%
Outskirts Press	1,533	1,595	1,576	1,489	1,824	1,931	107	5.87%	398	25.96%
Salem Publishing Solutions [formerly Xulon Press]	1,675	1,467	1,480	1,601	1,552	1,670	118	7.60%	-5	-0.30%
Palibrio (Div. of Author Solutions)	0	0	12	1,213	1,550	1,441	-109	-7.03%	1,441	n/a
Balboa Press (imprint of Author Solutions)	0	0	53	344	193	1,036	843	436.79%	1,036	n/a
Blurb, Inc.	0	0	0	0	0	752	752	n/a	752	n/a
Dorrance	699	875	1,089	850	852	576	-276	-32.39%	-123	-17.60%
Dog Ear Publishing	282	417	495	485	537	511	-26	-4.84%	229	81.21%
Balboa Press (Div. of Hay House)	0	0	9	363	1245	406	-839	-67.39%	406	n/a
Infinity Publishing	663	624	502	538	587	365	-222	-37.82%	-298	-44.95%
Abbott Press (imprint of Author Solutions)	0	0	0	82	316	328	12	3.80%	328	n/a
Booklocker.com	272	354	309	383	347	300	-47	-13.54%	28	10.29%
PartridgeIndia (imprint of Author Solutions)	0	0	0	0	0	279	279	n/a	279	n/a
BookBaby Print	0	0	0	6	151	212	61	40.40%	212	n/a
Inspiring Voices (imprint of Author Solutions)	0	0	0	19	203	178	-25	-12.32%	178	n/a
Virtualbookworm.com	145	160	118	148	135	139	4	2.96%	-6	-4.14%
Wasteland Press	104	114	127	133	136	108	-28	-20.59%	4	3.85%
WinePress	39	44	27	23	158	106	-52	-32.91%	67	171.79%
Telemachus Press	0	1	15	59	90	100	10	11.11%	100	n/a
Mill City Press (imprint of Hillcrest Publishing)	70	74	108	89	74	80	6	8.11%	10	14.29%
Inkwater	62	61	51	77	64	75	11	17.19%	13	20.97%
Wheatmark	231	129	124	95	77	67	-10	-12.99%	-164	-71.00%
Instant Publisher	244	165	140	116	82	66	-16	-19.51%	-178	-72.95%
Troy Book Makers	28	38	54	59	58	61	3	5.17%	33	117.86%
Greenleaf Book Group	30	36	35	139	41	59	18	43.90%	29	96.67%
eBookit.com	0	0	0	3	24	38	14	58.33%	38	n/a
Aventine Press	48	64	58	58	46	34	-12	-26.09%	-14	-29.17%
JETLAUNCH [formerly Red Willow]	0	0	1	23	28	31	3	10.71%	31	n/a
Robertson Publishing	31	39	38	45	41	31	-10	-24.39%	0	0.00%
Anaphora Literary Press	0	0	0	22	12	24	12	100.00%	24	n/a
Book Publishers Network	11	23	33	31	20	22	2	10.00%	11	100.00%
Wyatt-MacKenzie	26	26	22	21	24	22	-2	-8.33%	-4	-15.38%
Biographical Publishing Company	4	1	3	11	7	17	10	142.86%	13	325.00%
Llumina Press (imprint of Aeon Publishing)	160	132	125	53	30	17	-13	-43.33%	-143	-89.38%
Dancing Moon	14	15	6	24	17	11	-6	-35.29%	-3	-21.43%
Aardvark Global	668	607	432	353	55	9	-46	-83.64%	-659	-98.65%
CrossBooks (imprint of Author Solutions)	0	0	0	0	0	5	5	n/a	5	n/a
Vantage Press	235	190	110	128	125	5	-120	-96.00%	-230	-97.87%
Chapel Hill Press	7	2	7	9	4	4	0	0.00%	-3	-42.86%
Concierge Marketing, Inc.	1	6	2	3	7	4	-3	-42.86%	3	300.00%
Selah Publishing Group	14	16	23	11	8	3	-5	-62.50%	-11	-78.57%
Booktango (Div. of Author Solutions)	0	0	0	0	0	2	2	n/a	2	n/a
DellArte Press (imprint of Author Solutions)	0	0	4	2	1	2	1	100.00%	2	n/a
Pleasant Word (Div. of Winepress)	184	176	239	187	0	1	1	n/a	-183	-99.46%
BookBaby	0	0	0	1	0	0	0	n/a	0	n/a
IndyPublish.com **	8,556	2,500	0	0	0	0	0	n/a	-8,556	-100.00%
Insight Publishing	25	29	20	8	2	0	-2	-100.00%	-25	-100.00%
Mintright	0	0	0	0	0	0	0	n/a	0	n/a
Pfoxmoor Publishing	0	0	3	23	1	0	-1	-100.00%	0	n/a
Smashwords	0	0	0	0	0	0	0	n/a	0	n/a
Small Publishers ***	14,952	16,688	19,081	24,366	29,755	33,948	4,193	14.09%	18,996	127.05%
TOTALS	77,132	96,724	114,108	158,674	234,931	302,622	67,691	28.81%	225,490	292.34%

* 2013 figure provided by Lulu on 8/15/2014
** No longer accepting manuscripts
*** Small publishers are those who have produced 10 or fewer ISBNs in total

Bowker
a ProQuest affiliate
ISBN Output for USA Self-Publishers, 2008-2013
Total ebooks
Source: Bowker Books In Print® database

NAME	2008	2009	2010	2011	2012	2013	increase 2012-13	%increase 2012-13	increase 2008-13	%increase 2008-2013
Smashwords *	65	2,290	11,787	40,614	90,252	85,500	-4,752	-5.27%	85,435	131438.46%
Lulu Enterprises Inc. **	1	2	8,597	12,544	30,061	33,892	3,831	12.74%	33,891	3389100.00%
Xlibris (Div. of Author Solutions)	1,433	2,404	6,005	6,137	4,365	4,671	306	7.01%	3,238	225.96%
AuthorHouse (Div. of Author Solutions)	3,314	4,424	2,908	6,288	5,121	4,337	-784	-15.31%	1,023	30.87%
BookBaby	49	90	197	1,286	2,376	2,510	134	5.64%	2,461	5022.45%
Blurb, Inc.	16	36	51	264	2,091	2,090	-1	-0.05%	2,074	12962.50%
Booktango (Div. of Author Solutions)	0	0	0	0	1,653	1,557	-96	-5.81%	1,557	n/a
Trafford (Div. of Author Solutions)	325	804	844	1,311	1,795	1,537	-258	-14.37%	1,212	372.92%
iUniverse (Div. of Author Solutions)	2,329	2,979	1,867	3,292	2,204	1,493	-711	-32.26%	-836	-35.90%
WestBow Press (imprint of Author Solutions)	0	1	217	903	1,366	1,114	-252	-18.45%	1,114	n/a
eBookit.com	0	0	2	18	34	944	910	2676.47%	944	n/a
Salem Publishing Solutions [formerly Xulon Press]	0	0	0	3	649	874	225	34.67%	874	n/a
Palibrio (Div. of Author Solutions)	0	0	68	648	837	797	-40	-4.78%	797	n/a
Balboa Press (imprint of Author Solutions)	0	0	1	195	619	616	-3	-0.48%	616	n/a
Independent Publisher (Bar Code Graphics)	10	24	132	285	306	380	74	24.18%	370	3700.00%
Balboa Press (Div. of Hay House)	0	0	42	272	312	185	-127	-40.71%	185	n/a
Abbott Press (imprint of Author Solutions)	0	0	0	53	203	154	-49	-24.14%	154	n/a
Inspiring Voices (imprint of Author Solutions)	0	0	0	19	190	119	-71	-37.37%	119	n/a
PartridgeIndia (imprint of Author Solutions)	0	0	0	0	0	119	119	n/a	119	n/a
Telemachus Press	0	2	28	116	156	99	-57	-36.54%	99	n/a
Greenleaf Book Group	10	19	28	62	40	57	17	42.50%	47	470.00%
Inkwater	1	4	41	78	94	55	-39	-41.49%	54	5400.00%
Mill City Press (imprint of Hillcrest Publishing)	0	2	14	12	37	50	13	35.14%	50	n/a
JETLAUNCH [formerly Red Willow]	0	0	2	46	30	32	2	6.67%	32	n/a
Book Publishers Network	0	0	0	5	18	14	-4	-22.22%	14	n/a
Troy Book Makers	0	1	0	5	16	12	-4	-25.00%	12	n/a
Mintright	2	5	0	946	22	6	-16	-72.73%	4	200.00%
BookBaby Print	0	0	0	0	0	5	5	n/a	5	n/a
Dancing Moon	1	1	0	0	13	5	-8	-61.54%	4	400.00%
Pfoxmoor Publishing	0	0	4	54	20	4	-16	-80.00%	4	n/a
Biographical Publishing Company	0	0	0	2	0	2	2	n/a	2	n/a
Concierge Marketing, Inc.	0	0	6	7	7	2	-5	-71.43%	2	n/a
Booklocker.com	34	62	118	15	0	1	1	n/a	-33	-97.06%
Dorrance	12	150	212	1	2	1	-1	-50.00%	-11	-91.67%
Wasteland Press	0	0	0	0	0	1	1	n/a	1	n/a
Wyatt-MacKenzie	0	0	0	0	0	1	1	n/a	1	n/a
Aardvark Global	35	34	14	6	0	0	0	n/a	-35	-100.00%
Anaphora Literary Press	0	0	0	0	0	0	0	n/a	0	n/a
Aventine Press	0	0	0	0	0	0	0	n/a	0	n/a
Chapel Hill Press	0	0	0	0	0	0	0	n/a	0	n/a
CreateSpace	0	1	7	5	4	0	-4	-100.00%	0	n/a
CrossBooks (imprint of Author Solutions)	0	0	0	0	0	0	0	n/a	0	n/a
DellArte Press (imprint of Author Solutions)	0	0	5	1	1	0	-1	-100.00%	0	n/a
Dog Ear Publishing	0	2	2	0	0	0	0	n/a	0	n/a
IndyPublish.com ***	0	0	0	0	0	0	0	n/a	0	n/a
Infinity Publishing	0	0	225	192	136	0	-136	-100.00%	0	n/a
Insight Publishing	0	0	0	0	0	0	0	n/a	0	n/a
Instant Publisher	0	3	2	6	2	0	-2	-100.00%	0	n/a
Llumina Press (imprint of Aeon Publishing)	0	0	0	19	0	0	0	n/a	0	n/a
Outskirts Press	0	0	3	0	0	0	0	n/a	0	n/a
Pleasant Word (Div. of Winepress)	0	0	0	0	0	0	0	n/a	0	n/a
PublishAmerica	0	1	1	0	0	0	0	n/a	0	n/a
Robertson Publishing	0	0	0	0	0	0	0	n/a	0	n/a
Selah Publishing Group	0	0	0	0	0	0	0	n/a	0	n/a
Vantage Press	0	0	0	0	0	0	0	n/a	0	n/a
Virtualbookworm.com	0	0	4	0	0	0	0	n/a	0	n/a
Wheatmark	0	0	1	0	0	0	0	n/a	0	n/a
WinePress	0	1	0	0	0	0	0	n/a	0	n/a
Small Publishers ****	699	1,293	5,328	12,528	13,458	12,706	-752	-5.59%	12,007	1717.74%
TOTALS	8,336	14,635	38,763	88,238	158,490	155,942	-2,548	-1.61%	147,606	1770.71%

* 2013 figure provided by Smashwords on 7/28/2014 , ** 2013 figure provided by Lulu on 8/15/2014 , *** No longer accepting manuscripts
**** Small publishers are those who have produced 10 or fewer ISBNs in total

Bowker — a ProQuest affiliate

ISBN Output for USA Self-Publishers, 2008-2013
Author Solutions – Total Print & ebooks
Source: Bowker Books In Print® database

NAME	2008	2009	2010	2011	2012	2013	increase 2012-13	%increase 2012-13	increase 2008-13	%increase 2008-2013
Xlibris (Div. of Author Solutions)	9,194	12,726	19,421	17,790	14,646	13,990	-656	-4.48%	4,796	52.16%
AuthorHouse (Div. of Author Solutions)	10,708	13,947	11,613	17,612	14,256	11,835	-2,421	-16.98%	1,127	10.52%
iUniverse (Div. of Author Solutions)	6,907	8,078	6,569	8,564	6,555	4,640	-1,915	-29.21%	-2,267	-32.82%
Trafford (Div. of Author Solutions)	1,068	2,451	2,839	3,637	4,793	4,000	-793	-16.54%	2,932	274.53%
WestBow Press (imprint of Author Solutions)	0	7	719	2,369	3,869	3,476	-393	-10.16%	3,476	n/a
Palibrio (Div. of Author Solutions)	0	0	80	1,861	2,387	2,238	-149	-6.24%	2,238	n/a
Balboa Press (imprint of Author Solutions)	0	0	54	539	812	1,652	840	103.45%	1,652	n/a
Booktango (Div. of Author Solutions)	0	0	0	0	1,653	1,559	-94	-5.69%	1,559	n/a
Abbott Press (imprint of Author Solutions)	0	0	0	135	519	482	-37	-7.13%	482	n/a
Inspiring Voices (imprint of Author Solutions)	0	0	0	38	393	297	-96	-24.43%	297	n/a
PartridgeIndia (imprint of Author Solutions)	0	0	0	0	0	398	398	n/a	398	n/a
CrossBooks (imprint of Author Solutions)	0	0	0	0	0	5	5	n/a	5	n/a
DellArte Press (imprint of Author Solutions)	0	0	9	3	2	2	0	0.00%	2	n/a
TOTALS	27,877	37,209	41,304	52,548	49,885	44,574	-5,311	-10.65%	16,697	59.90%

Author Solutions - Print Books
Source: Bowker Books In Print® database

NAME	2008	2009	2010	2011	2012	2013	increase 2012-13	%increase 2012-13	increase 2008-13	%increase 2008-2013
Xlibris (Div. of Author Solutions)	7,761	10,322	13,416	11,653	10,281	9,319	-962	-9.36%	1,558	20.07%
AuthorHouse (Div. of Author Solutions)	7,394	9,523	8,705	11,324	9,135	7,498	-1,637	-17.92%	104	1.41%
iUniverse (Div. of Author Solutions)	4,578	5,099	4,702	5,272	4,351	3,147	-1,204	-27.67%	-1,431	-31.26%
Trafford (Div. of Author Solutions)	743	1,647	1,995	2,326	2,998	2,463	-535	-17.85%	1,720	231.49%
WestBow Press (imprint of Author Solutions)	0	6	502	1,466	2,503	2,362	-141	-5.63%	2,362	n/a
Palibrio (Div. of Author Solutions)	0	0	12	1,213	1,550	1,441	-109	-7.03%	1,441	n/a
Balboa Press (imprint of Author Solutions)	0	0	53	344	193	1,036	843	436.79%	1,036	n/a
Abbott Press (imprint of Author Solutions)	0	0	0	82	316	328	12	3.80%	328	n/a
PartridgeIndia (imprint of Author Solutions)	0	0	0	0	0	279	279	n/a	279	n/a
Inspiring Voices (imprint of Author Solutions)	0	0	0	19	203	178	-25	-12.32%	178	n/a
CrossBooks (imprint of Author Solutions)	0	0	0	0	0	5	5	n/a	5	n/a
Booktango (Div. of Author Solutions)	0	0	0	0	0	2	2	n/a	2	n/a
DellArte Press (imprint of Author Solutions)	0	0	4	2	1	2	1	100.00%	2	n/a
TOTALS	20,476	26,597	29,389	33,701	31,531	28,060	-3,471	-11.01%	7,584	37.04%

Author Solutions - EBooks
Source: Bowker Books In Print® database

NAME	2008	2009	2010	2011	2012	2013	increase 2012-13	%increase 2012-13	increase 2008-13	%increase 2008-2013
Xlibris (Div. of Author Solutions)	1,433	2,404	6,005	6,137	4,365	4,671	306	7.01%	3,238	225.96%
AuthorHouse (Div. of Author Solutions)	3,314	4,424	2,908	6,288	5,121	4,337	-784	-15.31%	1,023	30.87%
Booktango (Div. of Author Solutions)	0	0	0	0	1,653	1,557	-96	-5.81%	1,557	n/a
Trafford (Div. of Author Solutions)	325	804	844	1,311	1,795	1,537	-258	-14.37%	1,212	372.92%
iUniverse (Div. of Author Solutions)	2,329	2,979	1,867	3,292	2,204	1,493	-711	-32.26%	-836	-35.90%
WestBow Press (imprint of Author Solutions)	0	1	217	903	1,366	1,114	-252	-18.45%	1,114	n/a
Palibrio (Div. of Author Solutions)	0	0	68	648	837	797	-40	-4.78%	797	n/a
Balboa Press (imprint of Author Solutions)	0	0	1	195	619	616	-3	-0.48%	616	n/a
Abbott Press (imprint of Author Solutions)	0	0	0	53	203	154	-49	-24.14%	154	n/a
Inspiring Voices (imprint of Author Solutions)	0	0	0	19	190	119	-71	-37.37%	119	n/a
PartridgeIndia (imprint of Author Solutions)	0	0	0	0	0	119	119	n/a	119	n/a
CrossBooks (imprint of Author Solutions)	0	0	0	0	0	0	0	n/a	0	n/a
DellArte Press (imprint of Author Solutions)	0	0	5	1	1	0	-1	-100.00%	0	n/a
TOTALS	7,401	10,612	11,915	18,847	18,354	16,514	-1,840	-10.03%	9,113	123.13%

Self-Publishing Continues to Grow in U.S., Says Bowker
17 percent more ISBNs in 2013 than 2012 show that growth is hearty, but settling

New Providence, NJ – October, 2014 – A new analysis of U.S. ISBN data by ProQuest affiliate Bowker reveals that the number of self-published titles in 2013 increased to more than 458,564, up 17 percent over 2012 and 437 percent over 2008. Print titles were up a very strong 29 percent over 2012, indicating the format's continuing relevance to self-publishers. While self-publishing continues to grow, the pace appears to be normalizing after several explosive years.

Read Bowker's report on self-publishing
"Our general conclusion is that self-publishing is beginning to mature. While it continues to be a force to reckon with, it is evolving from a frantic, wild-west style space to a more serious business," said Beat Barblan, Bowker Director of Identifier Services. "The market is stabilizing as the trend of self-publisher as business-owner, rather than writer only, continues."

The analysis also shows:
- Print books have strong value to self-published authors, enabling them to reach a broad audience, often via independent bookstores.
- A handful of companies continue to dominate the publishing services sector for independent authors. More than 75 percent of self-published titles with ISBNs came to market with support from just three companies: Smashwords, CreateSpace and Lulu.

Bowker's analysis is based on ISBN registrations in the U.S. The vast majority of books in all formats have an ISBN. In addition to the obvious benefit of ensuring unequivocal and clear identification, ISBN registrations – and accompanying metadata from publishers – reveal market trends and enable insights into emerging areas.

Bowker provides a spectrum of services for small publishers through resources such as www.selfpublishedauthor.com, www.myidentifiers.com and www.bookwire.com. To view Bowker's 2013 report on self-publishing visit www.selfpublishedauthor.com.

About Bowker® (www.bowker.com)
Bowker® is the world's leading provider of the bibliographic information that connects publishers, authors, booksellers, and libraries with readers. The company has a 140+year history of organizing and applying metadata for books to support industrywide efficiency. With an expanded focus on Identifier Services (myidentifiers.com), Bowker provides resources to make authors' and publishers' titles more discoverable. Through its Books In Print® data services – including the industry leading Books In Print® database -- Bowker provides tools to promote, organize and sell books, supporting such ProQuest services as Syndetic Solutions™, Books In Print online, and the new library management system Intota™ Assessment, as well as discovery systems for book retailers and providers around the world. As the official ISBN Agency for the United States and its territories and Australia, Bowker makes books easier for people to discover, evaluate, order, and experience. A ProQuest affiliate, Bowker is headquartered in New Providence, New Jersey with additional operations in the United Kingdom and Australia.

Media contact:
Beth Dempsey, for Bowker
+1 248.349.7810 or beth.dempsey@proquest.com

附录三

Author Earnings Report(February 2016)
Amazon's Ebook, Print, and Audio Sales

Two years ago, the first Author Earnings report revealed the growing market share of Self-published ebooks. With data on hundreds of thousands of titles, it was suddenly possible to measure the relative sales and earnings power of ebooks according to publishing path. By sharing this data, we hoped to help authors understand the changing market in order to make sound decisions with their manuscripts. In the two years since, our quarterly snapshots have revealed emerging trends in the digital publishing world. Before we get into this month's report, let's look at those trends, with our new February 2016 data points included.

Ebook Market Share: 23 month trend

In two short years, the market share of paid unit sales between indie and Big 5 ebooks has more than inverted. The Big 5 now account for less than a quarter of ebook purchases on Amazon, while indies are closing in on 45%.

In the purple line above, we can see the decline in share of ebook dollars earned by Big 5 publishers. Despite the greater profitability of ebooks over print books, some of these publishers have touted their

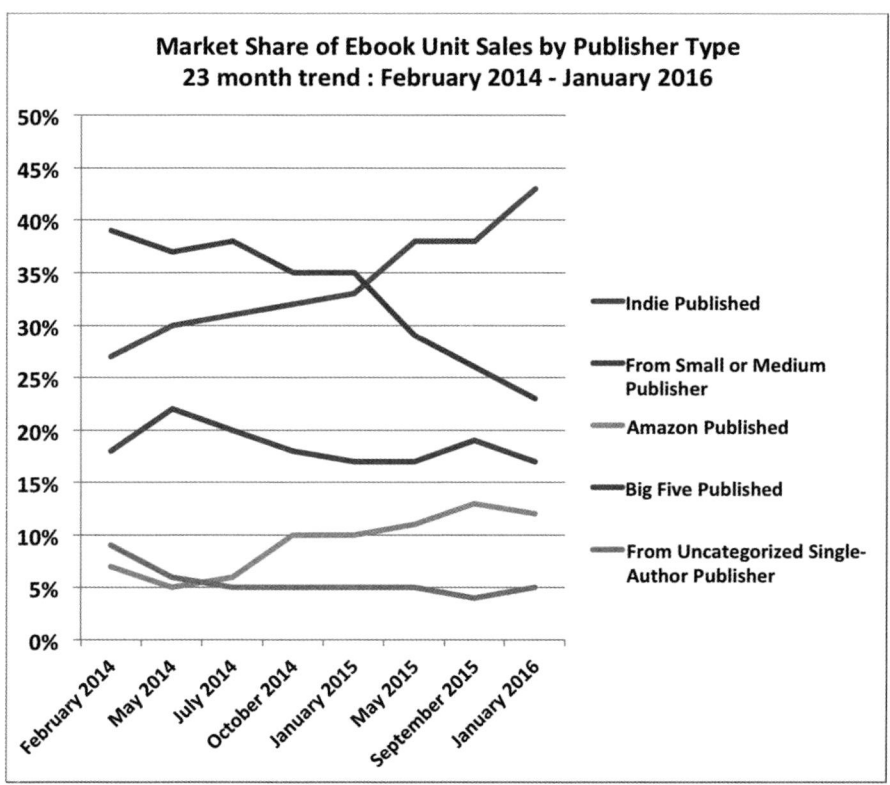

shrinking ebook sales as a positive development. Meanwhile, we know from our own data (more on this later) and from Amazon's press releases, that overall US ebook sales have actuallygone up in dollar terms. The blue indie line shows where most of that increase is being funneled. Today, a quarter of all consumer dollars spent on ebooks in the US is spent purchasing indie-published ebooks.

　　The most important graph for authors shows the rapidly diverging rate of ebook author income by publishing path. The Big 5 publishers are now providing less than a quarter of the dollars earned by creatives for their ebook sales. Indies are taking close to half. As detailed in previous reports, higher prices and other missteps are a likely contributor to this

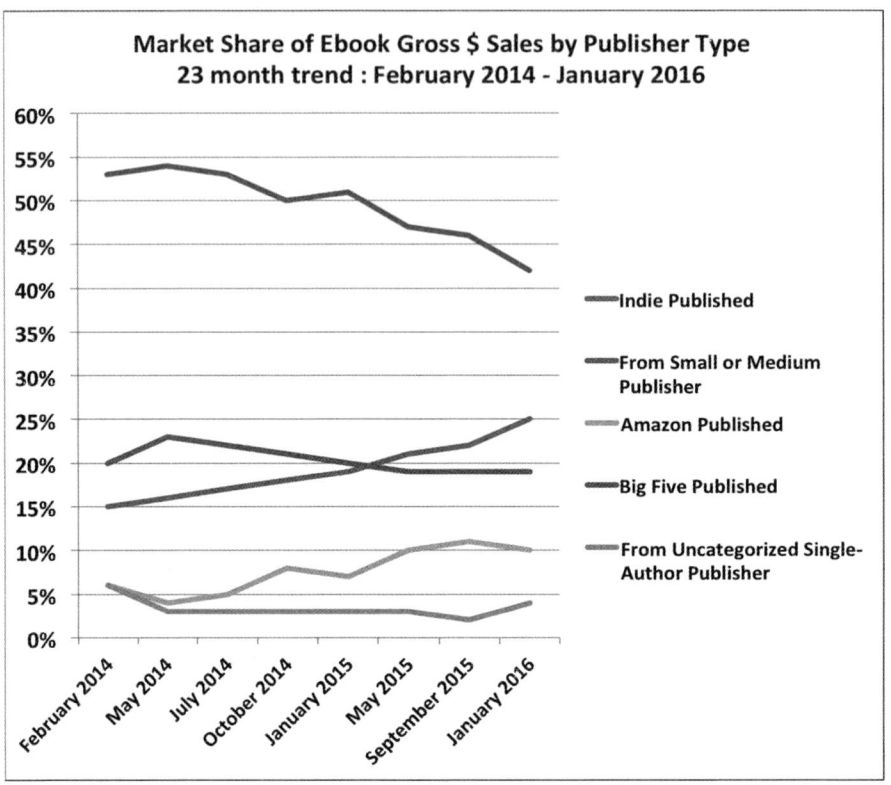

accelerating trend, but the reality may be that major publishers simply are finding it difficult to compete with indie authors on diversity, price, quality, and frequency of publication, as this divergence has been increasing for the last two years—well before the Big Five's return to no—discount agency pricing. But as we can see, the transfer of market share in author earnings from Big Five to indies did steepen significantly after the Big Five's 2015 reinstatement of agency ebook pricing.

　　Now for a deeper dive into this month's report, starting with details about our new and improved sales-to-rank curves and methodology.

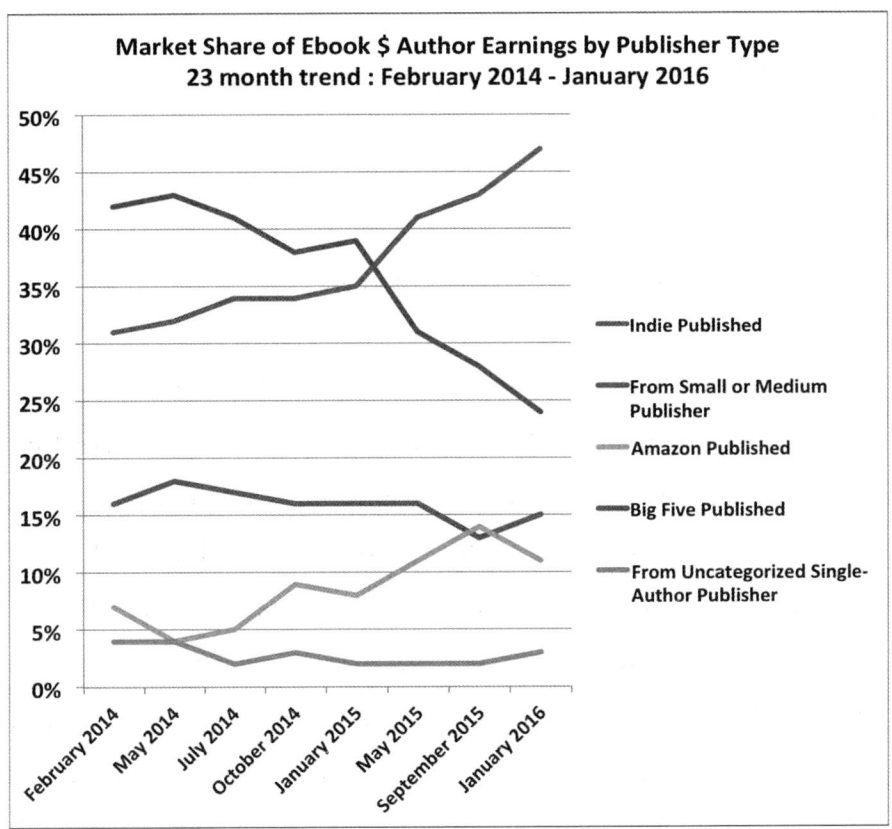

February 2016 Author Earnings Report

Our previous Author Earnings reports employed conversion formulas based on crowdsourced sales data. Dozens of authors, all of whom have access to their real-time sales numbers and overall best seller rankings, recorded their numbers in spreadsheets andshared the collective results. Over time, these rank-to-sales curves have been pressure checked and refined by other indies. On the whole, they were pretty accurate. And since the same curves were used for all ebooks, regardless of publishing path, we have been extremely confident with our pie chart percentages. But we thought it was time to roll out a new and far more rigorous approach for 2016, which will also let us double-check our old methodology.

A brand-new rank-to-sales conversion

For this report, Author Earnings threw out all of our previous assumptions. We built a brand new rank-to-sales conversion curve from the ground up. This time we based it on raw, Amazon-reported sales data on the precise daily sales figures for hundreds of individual books from many different authors, spanning a period of many months. Our raw sales data included titles ranked in Amazon's Overall Top 5 — titles whose KDP reports verified that they were each selling many thousands of copies a day — and it also included books ranked in the hundreds of thousands-whose KDP reports revealed were selling less than a single copy a day. We combined that mass of hard sales data with a complete daily record of Amazon Kindle sales rankings for each of those books, pulled directly from individual AuthorCentral graphs. We ended up withnearly a million distinct data points in total.

Why did we need so many data points? Because Amazon's Overall Best Seller Rankings aren't a simple calculation based on each book's single—day sales—they also factor in time-decaying sales from previous days as well. To reverse-engineer Amazon's ranking algorithms, the more raw sales and ranking data we used, the more accurate our results would get. So we fired up some powerful computers, fed them all that raw data, and let them crunch the numbers.

For our fellow geeks: We applied both old-school statistical curve-fitting approaches and more modern machine learning techniques, iterating our underlying numerical model until we zeroed in on the solution that yielded the best predictive accuracy. Taking advantage of a neat mathematical series-convergence trick (one whose applicability was no accident, because Amazon's algorithms undoubtedly rely on it, too), we ended up with a brand new, simpler, more elegant, and far more accurate rank-to-sales conversion formula for Kindle ebooks.

For the non-geeks: Our data-science awesomesauce now tastes even better.

Here's what the new rank-to-sales curve looks like:

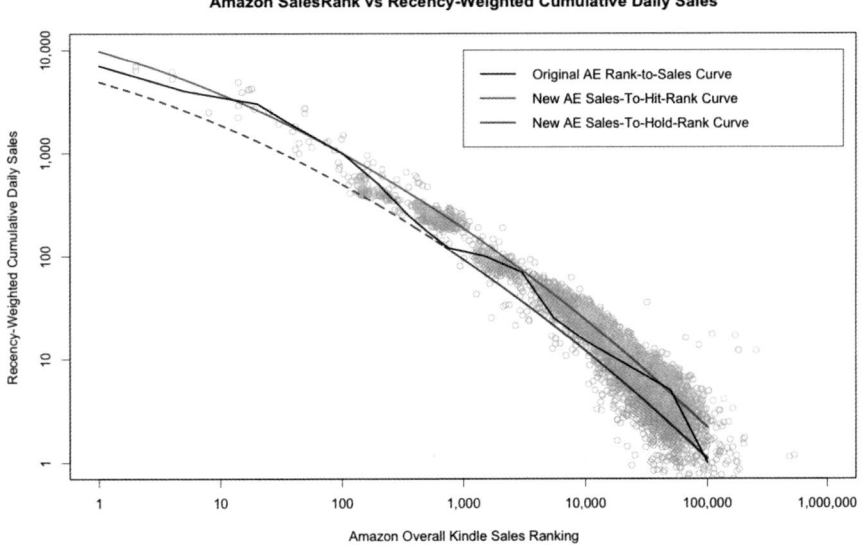

In retrospect, it's striking how well AE's old, crowdsourced rank-to-sales curve (in black) matches our new data-derived one. Graphically, the old AE curve ping-pongs back and forth between the new computed upper bound (shown in red), defined by the higher number of daily sales required to first "hit" a rank when spiking up from a much lower sales baseline, and the new computed lower bound (shown in blue), defined by the more modest number of daily sales required to steadily "hold" the same rank through consistent day-to-day sales.

This new methodology revealed a few other interesting things about the current state of the publishing industry, too. As "Data Guy," I'll be presenting some of those findings in more detail onstage at the Digital Book World 2016 Conference, on March 9, 2016, in NYC. But for the purposes of this report, our key takeaways:

1) *For relative market-share percentages* (the pie charts for which we've become known), the old methodology proved to be absolutely reliable. The new rank-to-sales curve, generated from hundreds of thousands of points of raw Amazon-reported sales data, *made almost zero difference*. The way ebook sales and earnings divide up between Self-published authors, small/medium publishers, Amazon publishing imprints, and Big Five publishers remained essentially unchanged: relative share *shifted by less than* 1% in every case.

2) *For calculating absolute sales numbers*, the old, crowdsourced AE rank-to-sales curve ran a little high — it overestimated overall Amazon Kindle sales by *roughly* 18%. The new methodology corrects that, letting us finally make authoritative, data-backed statements about how many total ebooks are being sold each day by each category of publisher, and overall by Amazon itself. And in the coming quarters, in addition to measuring how the pie gets divided up, our new methodology will also

let us track *whether the total size of the pie is shrinking or growing, and by how much.*

So how accurate is our brand new rank-to-sales prediction model?

Let's put it this way: The ranking-based sales predictions it yields for randomly selected 300－book groupings taken from a separate, held－back "validation dataset" always end up matching the actual Amazon-reported total daily sales for the group to within 6%... and most of the time to within 2%.

But the larger a set of books we are trying to measure total sales for, the smaller that variance becomes... making our model predict even more accurately at larger scales. For a 200,000－book dataset such as the one our AuthorEarnings reports are based upon, it'll be more than accurate enough for our needs.

Armed with our brand new, data-derived rank-to-sales conversion methodology, we were finally ready to tackle our deepest, most comprehensive look yet at Amazon's daily book sales. We fired up AE's web-crawling spider bot across 250 high-powered 8-core servers and walked it down each of Amazon's thousands of best seller lists and category sub-lists. In a little over an hour, we pulled almost a terabyte of real-time data from the product pages of over 500,000 of Amazon's best-selling titles. Here's what we found:

Amazon's Kindle Ebook Sales

Our first graph reveals the total share of ebook bestseller "slots" held by titles from each publisher type. Remember, this is a real counting of titles on thousands of Amazon bestseller lists, all automated by our software spider. No math here, just a visualization of how many titles are ranked and how they were published:

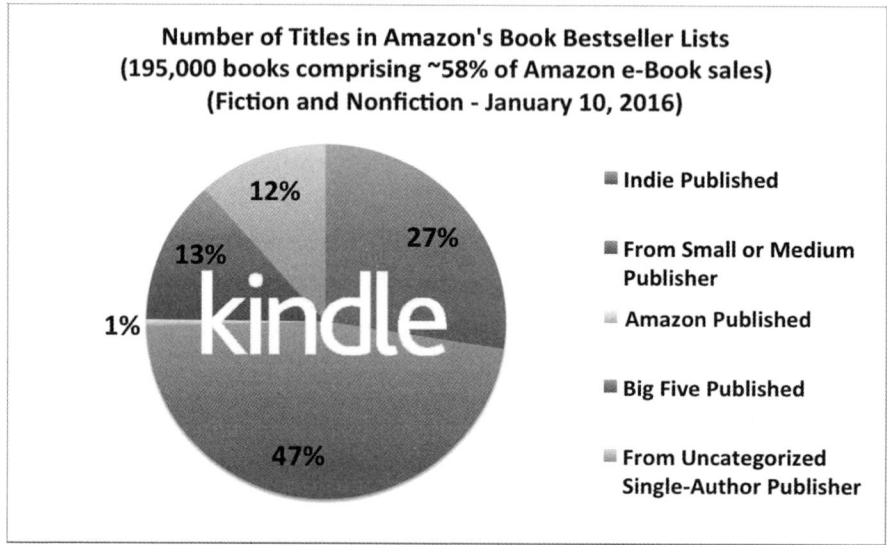

The aggregate share of indie Self-published titles on Amazon's best seller lists, at 27%, hasn't changed since September 2015. It is still more than double the representation of Big 5 titles. But what has changed, very significantly, is the degree to which Amazon's overall Top 20 Best Sellers, and even the overall Top 10, have come to be dominated by Self-published titles from indie authors—nearly half of which were notpriced at $0.99 but rather "full-priced" sales at prices between $2.99 and $5.99.

On January 10, the date our spider ran:

(1) 4 of Amazon's overall Top 10 Best Selling ebookswere Self-published indie titles

(2) 10 of Amazon's overall Top 20 Best Selling ebookswere Self-

published indie titles

(3) 56 of Amazon's overall Top 100 Best Selling ebooks—more than half—were Self-published indie titles

(4) 20 of Amazon's overall Top 100 Best Selling ebookswere indie titles priced between $2.99 and $5.99

We're not the only ones to observe this trend, which seems to have now become the new normal.

These top-selling indie titles encompassed a wide variety of genres. Romanceand Paranormalwere well represented, certainly, but Amazon's Top 100 Best Sellers also included quite a few Self-published indie Science Fictionbooks, indie Thrillers, indie Suspensenovels, indie Urban Fiction, and even Cozy Mysteriesby indies.

But best seller slots held by each type of publisher is a far less interesting metric than share of daily ebooks sold, which is where we first bring our brand new rank-to-sales curve to bear:

Whether we use our new, scientifically-derived curve or the old original crowdsourced one to compute unit sales, the trend we see is exactly the same. When it comes to the number of ebooks sold each day, the market share of indie Self-published titles has grown substantially since our September 2015 report, while traditional publishing's collective market share has shrunk. Indie books now account for more than 42% of all ebook purchases each day on Amazon.com.

Some of that indie sales growth has come in the form of paid Kindle Unlimited borrows. Monthly KU payouts have grown to over $13 milliona month paid directly to indie authors (at least $8.25 millionof it in the US). In 2015, these payouts totaled more than $140 million, again

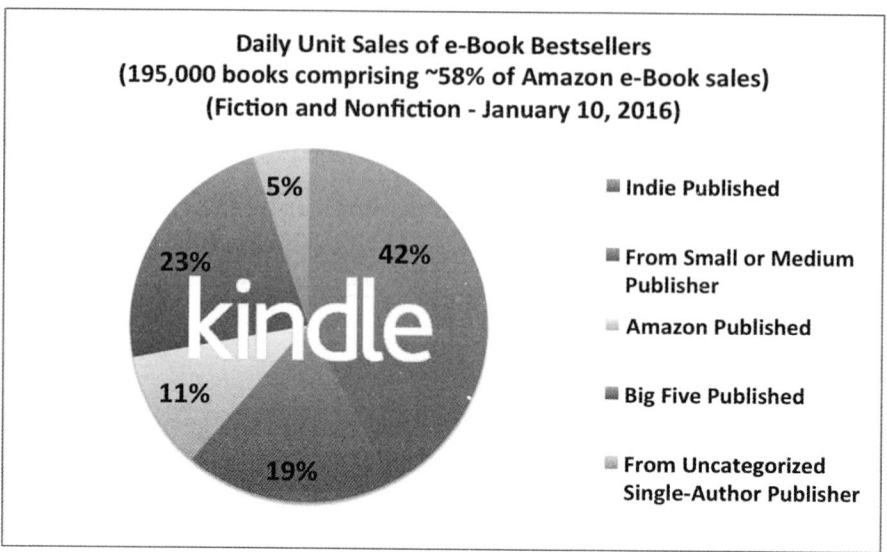

all going to indie authors. But KU payouts do not account for all of the growth. Not even half of it. Direct retail indie book purchases are also up substantially.

The day we pulled the data for this report revealed 20 of Amazon's overall Top 125 Best Selling ebookswere *Self-published indie titles NOT ENROLLED in Kindle Unlimited*.

Our data also showed, once again, that reporting on ebook sales from traditional outlets are missing the majority of the action:

(1)Fewer than 45% of the ebook purchases each day on Amazon.com are of traditionally-published titles.

(2)Only 29% of the ebook purchases each day on Amazon.com get officially "counted" in the monthly StatShot reports from the Association of American Publishers (AAP).

(3)43% of the ebooks purchased each day on Amazon-nearly half of them-remain uncounted in any traditional industry statistics, such as those published by Bowker, Nielsen, et. al. , because 43% of the ebooks purchased each day on Amazon do not have associated ISBNs.

So how many ebooks a day is Amazon. com actually selling?

As of mid-January 2016, Amazon's US ebook sales were running at a rate of 1,064,000 *paid downloads a day.*

155,000 of these paid daily downloads—or 14% of them—took the form of Kindle Unlimited "full-KENPC" pages-read equivalents for Self-published indie authors, while the remaining 909,000were regular retail ebook purchases. The full breakdown:

Amazon's daily ebook unit sales (January 2016):

TOTAL	1,064,000
Indie Self-Published ebook KU full-read equivalents	155,000
Indie Self-Published regular retail ebook sales	293,000
Small/Medium Publisher ebook sales	204,000
Amazon-Publishing Imprint ebook sales	115,000
Big Five Publisher ebook sales	244,000
Uncategorized Single-Author Publisher ebook sales	53,000

Next, let's look at how Amazon's daily ebook sales break down in consumer $ spending:

Despite the higher ebook prices most traditionally-published ebooks now bear, Self-published indie titles accounted for nearly a quarter of all daily gross consumer $ spent on ebooks on Amazon. Across all publishing types, consumers spent roughly $5,755,000 a dayon ebooks on Amazon. com in January—a run rate of over $2.1 billion a year, including

over $1 billion in consumer spending on ebooks not included in industry sales figures from the AAP. That's a lot of money, and a lot that isn't being counted anywhere but here and at Amazon.

And now for the pie chart that interests us the most:

When we ignore the dollars that publishers keep, and measure only dollars that actually go to authors, we can see that ebook sales on Amazon. com are generating $1,756,000 *a day in author earnings*.

But less than 45% of those author-earnings dollars — from the largest bookstore in the world — is now going to traditionally-published authors. And less than a quarter is going to authors published with the Big 5. Is it any wonder that the traditional publishing media and historic author advocacy groups are reporting declining ebook sales and shrinking author incomes for their members?

We humbly submit that, for author earnings, these organizations are looking in all the wrong places.

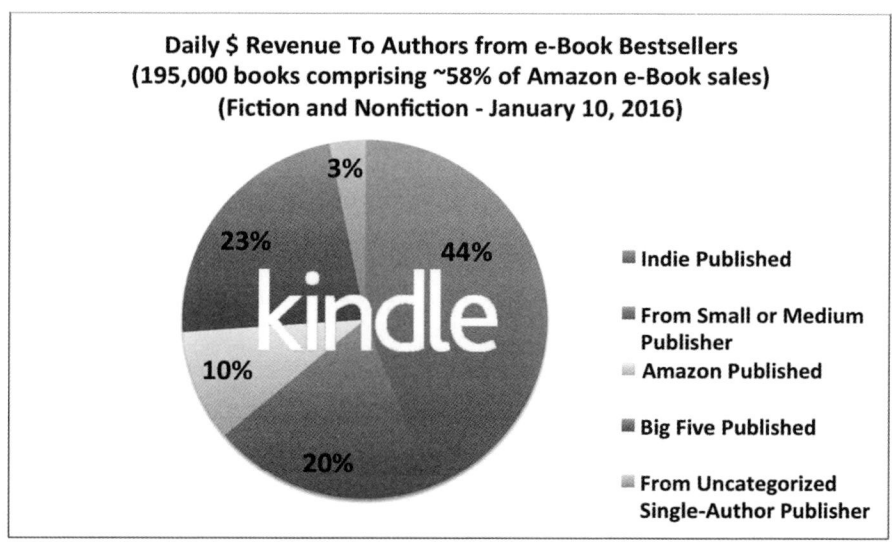

$140 million a yearin Kindle Unlimited payouts is going directly to authors, and yet that enormous sum of income is somehow uncounted by traditional author surveys. And as we are now able to measure, that sum is only the tip of the iceberg. There is also a vast swath of the market not being reported on at all, along with a whole host of authors not paying dues to author advocacy groups and simply going about the business of earning an income with their art.

The publishing industry is still changing rapidly, and how things will play out long-term is anybody's guess. But we suspect that for the largest traditional publishers, taking their digital ball off the court and going home—as they chose to do in 2015—won't remain a viable strategy for much longer. It certainly won't be a viable strategy for authors to sit idly by while detrimental pricing decisions destroy their incomes.

While we are looking at daily sales on Amazon, why stop at just ebooks?

Why, indeed? After all, Amazon also sells at least a quarter of all new trade *print* books purchased in the US each year—and roughly two thirds of all online trade print sales. Amazon's share of the downloadable audio market is even larger—their subsidiary Audible. com is also the primary supplier for Apple's iTunes audiobook store.

Using the exact same technique we used for ebooks, we were able to compute a rank-to-sales curve for Amazon's print-book sales, too, using months of raw Amazon CreateSpace-reported daily sales figures for many dozens of print-on-demand paperbacks from multiple authors. Our data set included best-selling print titles ranked in Amazon's overall Top 50, which CreateSpace sales reports revealed to be selling over a thousand copies a day, as well as titles with sales rankings down in the several millions and selling less than a copy a month.

But we didn't stop there. Using ACX-reported daily sales for dozens of Audible audiobooks and their corresponding Amazon ranking histories, we did the same thing for downloadable audiobooks.

When we ran our AE spider for this report, in addition to grabbing data on 200,000 of the best-selling Kindle books, we also grabbed 250,000 of Amazon's best-selling print books, and 25,000 of their best-selling audio books:

Format	Best Selling Titles Captured
Kindle ebooks	204,197
Downloadable audio books (Audible)	25,737
Hardcovers	75,075
(Trade) Paperbacks	158,732
Mass Market Paperbacks	13,834
Board Books	1,823

So now let's take a look at print.

Amazon's Print Book Sales… and the Law of Unintended Consequences

For our brand new breakdown of Amazon's daily print sales, we'll use the same format we use for ebook sales, so the graphs below should look familiar.

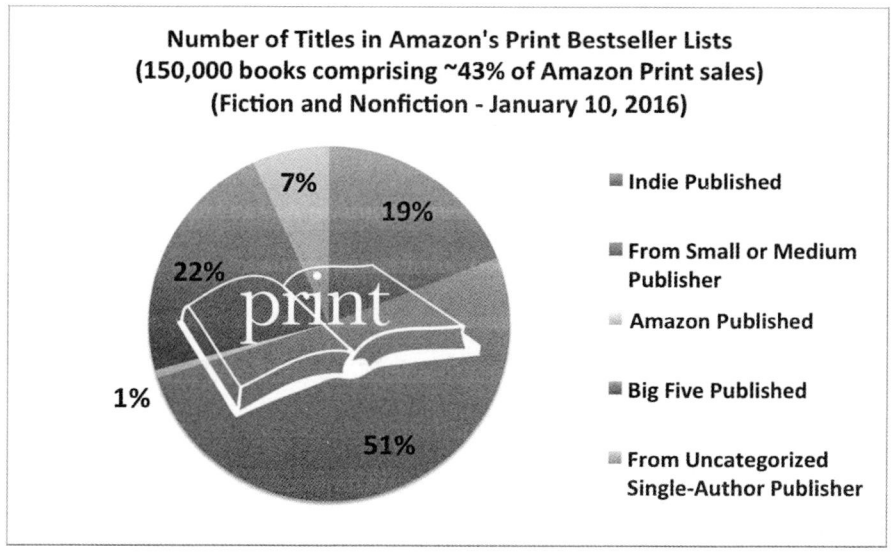

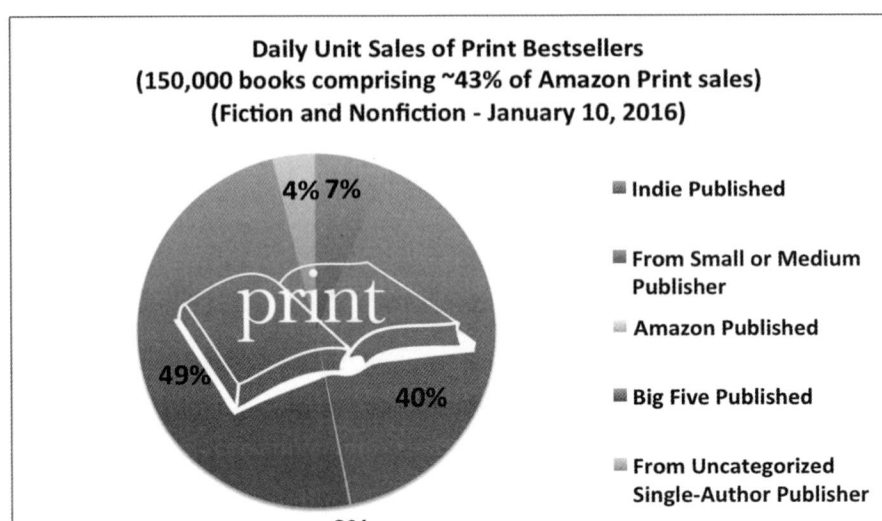

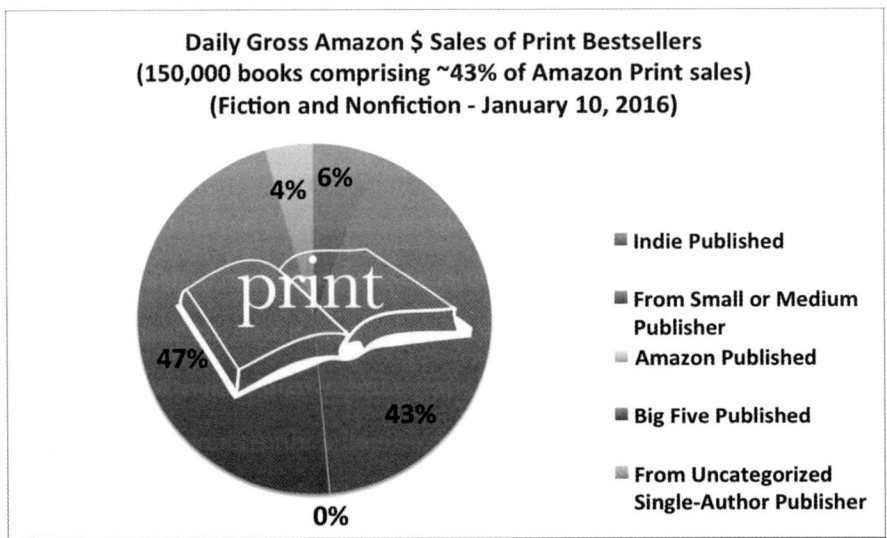

It's interesting to note here that the Big 5 holds less than a quarter of print bestseller slots, and their unit sales, dollars, and author royalties are less than half of Amazon's print business. This is a greater percentage than any other publishing type, but it again stresses the need for bal-

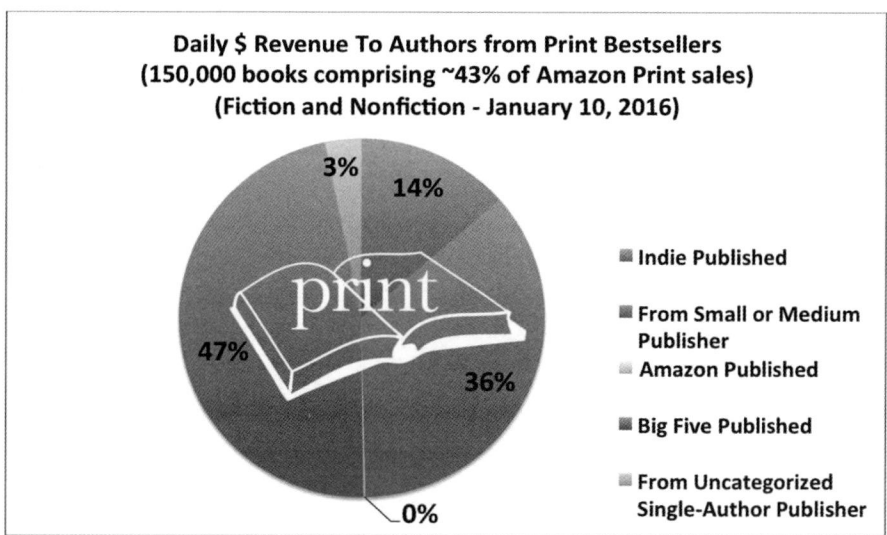

ance and perspective when the top publishers' numbers are taken to represent the whole of the industry; they don't even represent halfof online sales in the format they are supposed to dominate.

And Self-published indie authors, who are already taking home 14% of online print author earnings, have captured a significant share of the author dollars from online print sales.

But there might also be an even more interesting story found in Amazon's print sales…

The Law of Unintended Consequences

Sometimes a change in strategy achieves the intended result... and sometimes it backfires.

The Big Five's return to agency ebook pricing may have been just such a case.

Their ebook pricing strategy was intended, at least in part, to slow the erosion of brick-and-mortar print book sales. By preventing Amazon from discounting the Big Five's ebooks at Amazon's own expense, the Big Five could force the consumer prices of their ebooks artificially high—higher than what many consumers are willing to pay for digital books. The thinking among Big Five publishers was undoubtedly that this would encourage those consumers to buy fewer ebooks on Amazon, and instead buy more hardcovers and paperbacks in brick and mortar bookstores, thus preserving a legacy distribution advantage long held by the biggest traditional publishers... and one that was fading away fast as a higher and higher percentage of book purchases were being made online instead.

From November 2014 to September 2015, the Big Five publishers negotiated brand new two-year contracts with Amazon in which they fought aggressively for—and won—the right to prevent Amazon from discounting their ebooks. Prior to these contracts, Big Five ebooks were discounted steeply at Amazon's own expense. Our data from 2014 and early 2015 revealed that Amazon was on average selling Big Five and other traditionally-published ebooks to consumers at breakeven prices and making zero or marginal gross profit from them. That's almost no profit on traditionally published ebooks, while Amazon was earning a healthy margin on the sale of indie and Amazon-imprint ebooks. In effect, prior to the Big Five's return to agency, Amazon was more or less selling traditionally-published ebooks at cost. They were subsidizing traditional publisher ebook profits and traditionally-published *ebook author earnings* by nearly 30%.

By reinstituting agency ebook pricing and forcing their own consumer ebook prices high while preventing Amazon from discounting those ebooks, the Big Five publishers put a halt to that. They willingly did financial harm to their own bottom lines and in the process also seriously damaged the sales and earnings of their own authors, in an attempt to wrest market share and control away from their largest and most profitable retailer.

Did they succeed in that goal?

According to both our data and Amazon's own public statements, despite the Big Five's return to agency ebook pricing, Amazon's overall US ebook sales have continued to grow throughout 2015 in both unit terms and dollar terms. On the other hand, the Big Five's *share* of those ebook sales has plunged precipitously in both dollars terms, and even more precipitously in unit terms.

That particular outcome was easily predicted—and probably inevitable. Perhaps the Big Five viewed it as a strategic sacrifice.

But at the same time, *Amazon's online print sales* — driven by steeply discounted hardcovers and paperbacks, which in many cases were priced even lower than the ebook editions—*ALSO went up*. Significantly. In fact, our data points toward Amazon seeing even greater growth in their 2015 print sales than in their 2015 ebook sales.

As of mid-January 2016, Amazon.com's print sales were running at a rate of 969,000 *print books a day*.

With the largest bookstore chains reporting 2015 book sales as flat or down, and book sales also down significantly for warehouse and club outlets, an uptick in local independent bookstore sales is a small brick and mortar bright spot. But *it's extremely likely that most if not all of print's reported* 2015 *"resurgence" took the form of increased online print sales... at Amazon. com.*

We suspect that the Big Five's high ebook agency pricing, and Amazon's steeper online discounting of print books, may well have had the opposite of the intended effect. It may have encouraged traditional hardcover and paperback buyers—including those who had zero interest in buying digital editions—to take advantage of those steeper discounts and purchase more of their books online, while buying fewer in brick-and-mortar bookstores.

Some very savvy analysts who cover the industry from the traditional side, and whose insights we value greatly, have pointed out that this particular outcome may not necessarily have been unanticipated by the agency publishers. But they still may have deemed it the lesser evil, if in the process they could also slow the consumer shift from buying print to "e".

But either way, if true, it means that more print-book buyers are now shopping at a storefront where indie print books share a significant portion of shelf space alongside books from traditional publishers, and where indie print books are now fast-approaching a double-digit percentage of print sales.

It'll be interesting to see in coming quarters if indie print sales continue to gain ground as more and more consumers are funneled into a marketplace that provides more equitable access to all authors.

Color Us Surprised

In 2015, adult coloring books were a surprising trend. Many credit them with saving the traditional publishing industry's overall 2015 sales figures... a claim borne out by Nielsen Bookscan's print-sales numbers.

Perhaps it's not surprising, then, that when we took our January snapshot, 11 out of Amazon's Top 35 Best Selling print books were adult coloring books.

But what *is* somewhat surprising is this: 5 of those 11—nearly half of them—*were Self-published coloring books by indie authors*.

But perhaps it shouldn't be... Back when we did our September 2015 report, one of the Top 5 print best sellers in the USA was a Self-published children's book.

As print book purchasing increasingly moves online, Self-published indie authors are demonstrating that they can compete head-to-head with traditional publishers in print sales. And indie authors are taking home a far larger share of the proceeds one each print sale (36% of list price, on average), compared to the 8%-of-list paperback royalties and 15%-of-list hardcover royalties that they would typically earn if they went through a traditional publisher.

Amazon's Audiobook Sales

Downloadable audiobooks are one of the industry's fastest growing segments, for both indie-published authors and traditionally-published authors. On Amazon. com, downloadable audiobooks — distributed through Audible—make up the vast majority of audiobook purchases. Physical-media audiobook editions—MP3 CDs, Audio CDs, and the like —comprise a tiny fraction of the audiobook total, making up only 5%— 6% of Amazon. com audiobook sales.

As of January 2016, Amazon was selling roughly119,000audiobooks a day—about ﹩2,100,000 worth—which were generating ﹩204,000 a day in author earnings.

Here are the familiar pie charts showing how those numbers break down by publisher type:

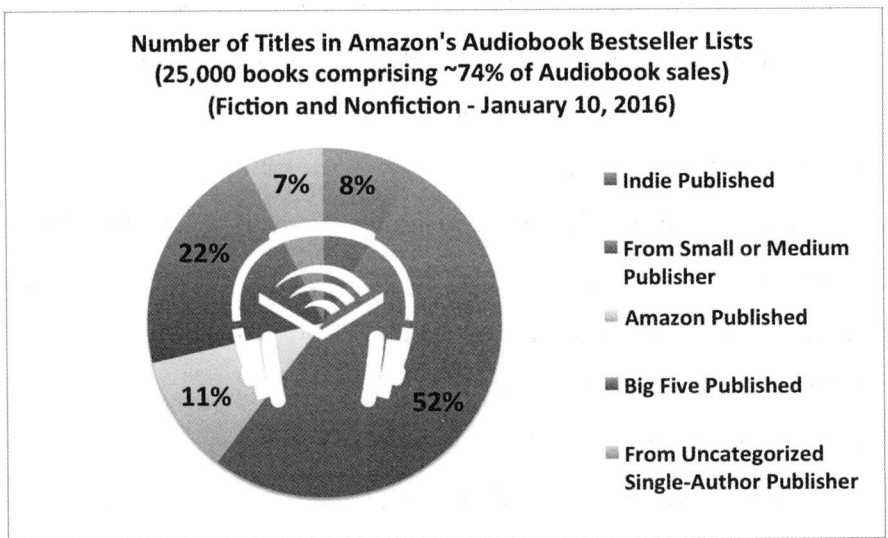

A few things complicate the picture when it comes to how audiobook sales and revenues break down.

(1) Many of the audiobooks in the red Small/Medium Publisher Wedge, especially those published through Brilliance, Blackstone, Tantor, and similar audio-specialized publishers, are audiobook editions of

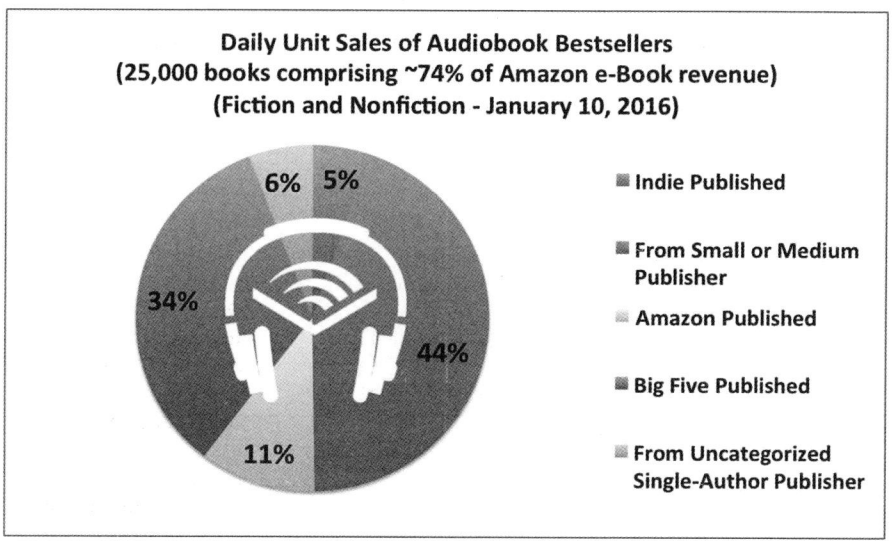

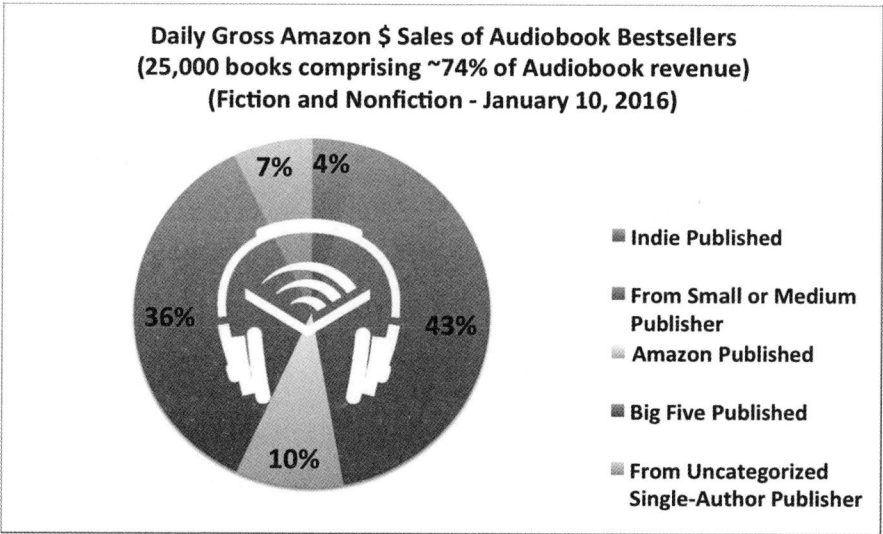

Big Five-published ebooks, Amazon-imprint-published ebooks, and even indie Self-published ebooks whose authors sold audio publishing rights.

(2) The green Amazon-published wedge represents audiobooks published through Audible Studios... but some of those also turned out to

be audio editions of Big Five-published ebooks, indie Self-published ebooks, etc.

(3) A big chunk of the light-blue Uncategorized Single-Author Publisher wedge (more than half of it) consists of J. K. Rowling's Harry Potter audiobooks, published through the publishing company she set up (Pottermore). While many would classify them as Self-published, we figured it would be less contentious to simply leave them as Uncategorized Single-Author Publisher.

Just as for print sales, it will also be interesting to watch the audiobook market evolve over the coming quarters. We think audiobooks will be a huge growth area for Self-published indie authors in 2016. We can't wait to see what these audio-sales pie charts will look like, a year from now.

Conclusions

In 2016, the reach of indie Self-published authors isn't limited by any means to ebooks. Every indie author should seriously consider releasing print-on-demand paperback editions and—as soon as quality narration can be afforded or arranged—audiobook editions of their books. It's also critical to note that 2015 marked a tipping point of sorts for online retail, with some reports claiming that fully half of online sales gains took place on Amazon.com alone. Sales on Amazon.com overtook Walmart in-store sales for the first time. More and more, online is where shoppers are going. And independent authors have equal access to this storefront. In fact, with lower prices, greater creative freedoms, the ability to publish to market much faster, and the ability to appeal to a wider variety of readers, indie authors have huge advantages online. As the market moves away from physical bookstores—which must necessarily limit their selection, and so limit the free expression of ideas as a consequence—we expect to see a greater flourishing of independent authors finding their voices and taking home an ever-growing slice of consumer dollars.

图书在版编目(CIP)数据

自出版管理问题研究/宋嘉庚著. ——北京:中国传媒大学出版社,2016.12

(中国出版产业发展研究丛书 / 蔡翔总主编)

ISBN 978-7-5657-1848-9

Ⅰ. ①自⋯ Ⅱ. ①宋⋯ Ⅲ. ①电子出版物－出版工作－研究－中国 Ⅳ. ①G239.2

中国版本图书馆 CIP 数据核字（2016）第 238539 号

自出版管理问题研究

ZI CHUBAN GUANLI WENTI YANJIU

著　　者	宋嘉庚
责任编辑	唐　颖　赵丽华
封面制作	泰博瑞国际文化传媒
责任印制	曹　辉
出版发行	中国传媒大学出版社
社　　址	北京市朝阳区定福庄东街1号　邮编:100024
电　　话	86－10－65450528　65450532　传真:65779405
网　　址	http://www.cucp.com.cn
经　　销	全国新华书店
印　　刷	北京艺堂印刷有限公司
开　　本	710mm×1000mm　1/16
印　　张	14
字　　数	198 千字
版　　次	2016年12月第1版　2016年12月第1次印刷
书　　号	ISBN 978-7-5657-1848-9/G·1848　　定　价　49.00元

版权所有　　翻印必究　　印装错误　　负责调换